GEORGES MORIN

HISTOIRE CRITIQUE

DE

LA COMMUNE

LE COMITÉ CENTRAL. — LA COMMUNE
LA COMMUNE AU POINT DE VUE SOCIALISTE
LA COMMUNE AU POINT DE VUE POLITIQUE

Illum non populi fasces, non purpura regum
Flexit, et infidos agitans discordia fratres.

(Géorgiques, liv. II.)   (VIRGILE.)

Prix : 3 francs

PARIS

Librairie internationale

A. LACROIX, VERBOECKHOVEN ET Cie, ÉDITEURS

15, boulevart Montmartre et faubourg Montmartre, 13

MÊME MAISON A BRUXELLES, A LIVOURNE ET A LEIPZIG

1871

Tous droits de traduction et de reproduction réservés

HISTOIRE CRITIQUE

DE

LA COMMUNE

PARIS. — IMPRIMERIE ÉMILE VOITELAIN ET Ce

61, rue Jean-Jacques-Rousseau, 61

GEORGES MORIN

HISTOIRE CRITIQUE

DE

LA COMMUNE

LE COMITÉ CENTRAL. — LA COMMUNE
LA COMMUNE AU POINT DE VUE SOCIALISTE
LA COMMUNE AU POINT DE VUE POLITIQUE

Illum non populi fasces, non purpura regum
Flexit, et infidos agitans discordia fratres.
(Géorgiques, liv. II.)   (Virgile.)

———

PARIS
Librairie internationale
A. LACROIX, VERBOECKHOVEN ET Cie, ÉDITEURS
15, boulevart Montmartre et faubourg Montmartre, 13
MÊME MAISON A BRUXELLES, A LIVOURNE ET A LEIPZIG

1871
Tous droits de traduction et de reproduction réservés

HISTOIRE CRITIQUE

DE

LA COMMUNE

CHAPITRE Ier

LE COMITÉ CENTRAL

L'Empire, entraînant la France avec lui, était tombé dans la honte à Sedan; son héritage fut immédiatement recueilli par la République. C'était le désordre et la ruine dans les finances; la démoralisation dans l'armée vaincue, et presque anéantie; la division dans le pays entre deux grands partis, le parti républicain et le parti monarchique; c'était encore l'invasion et la ruine des provinces de l'Est, voire même de celles du centre; partout le chaos, partout la désolation.

Les hommes du 4 septembre, pleins de confiance dans la forme républicaine, entreprirent la lourde tâche de réparer tous ces maux, et de reconstituer tout ce que l'Empire, avec une apparence d'ordre et d'administration, n'avait réussi qu'à corrompre et qu'à désorganiser. Les membres de l'ancienne gauche parlementaire, restés à Paris, parvinrent à former une armée nouvelle, une artillerie nouvelle, un nouveau système de défense. Mais tous leurs efforts vinrent échouer devant l'inflexible persévérance des Prussiens, et leur méthode mathématique de faire la guerre; après quatre grands mois de siége, Paris capitula. En province le Gouvernement de la défense nationale avait envoyé celui d'entre ses membres qu'on se plaisait à nommer le « jeune tribun. » Gambetta, qui avait le tempérament plutôt que l'âme révolutionnaire, fit retentir la France entière de ses proclamations, ordonna des levées en masse et changea les généraux, cherchant en vain des Hoche et des Kléber; mais un homme ne pouvait être à la fois Carnot et Cambon, Prieur et Robert Lindet, Saint-Just et Robespierre : il ne pouvait diriger la guerre et suivre les armées, créer les finances et organiser la justice, faire face à l'ennemi du dehors et à l'ennemi du dedans, pacifier et combattre, agir et surveiller; il ne pouvait contenir en lui tous ces génies de notre révolution; mais s'il ne put sauver l'intégrité de la France, il sut du moins lui conserver son honneur. L'invasion prussienne, un instant étonnée de cette résistance inconnue, sembla hésiter; mais bientôt elle reprit sa marche victorieuse, et le jour où Paris capitula, nos trois armées principales étaient rejetées l'une en Suisse, l'autre sur Lille, la dernière sur l'extrême Normandie. Sous peine d'être anéantie, la France devait céder; une assemblée nationale fut nommée, et M. Thiers choisi pour chef du pouvoir exécutif;

quinze jours après étaient signés à Bordeaux les préliminaires de paix qui nous enlevaient l'Alsace et une partie de la Lorraine, et qui, en outre, nous condamnaient à payer une indemnité de cinq milliards.

Nous n'avons pas à rechercher quelles sont les causes de cet immense désastre qui n'a peut-être pas d'exemple dans l'histoire. L'Empire, issu d'un coup d'État, avait, en apparence du moins, conduit la France au plus haut point de prospérité et de gloire qu'elle avait jamais atteint. Nos armées avaient remporté de grands succès en Crimée et en Italie contre la Russie et l'Autriche; nous avions fait des expéditions lointaines et nous avions conquis la Cochinchine; l'Algérie semblait pacifiée. Nous nous étions même permis une guerre d'influence dans le nouveau continent, au Mexique; d'un autre côté, les institutions de crédit avaient pris un développement inouï; la dette qui grossissait tous les ans était, disait-on, la meilleure preuve de la fortune publique. Afin de prouver la force et la supériorité de notre industrie, on avait affronté un traité de commerce avec l'Angleterre. On avait embelli à tel point les grandes villes qu'elles avaient une dette aussi grande que certains États. Enfin, pour couronnement de cette gloire et de cette prospérité, on avait convié toutes les nations et tous les princes du monde à un immense spectacle. La vieille Europe se donnant rendez-vous dans Paris, avait exhibé dans un palais monstrueux toutes ses richesses, toutes les merveilles de son art et de son industrie.

Eh bien! cette force militaire, cette prospérité

inouïe, cette gloire incomparable, tout cela venait de s'écrouler devant le souffle puissant de la Prusse. Certes, il n'est pas difficile d'en exposer les causes, à ceux-là qui pendant vingt ans n'ont cessé de combattre l'Empire, à ceux-là qui, pendant vingt ans, ont protesté contre le coup d'État, contre les guerres insensées, contre les budgets écrasants, contre la démoralisation de l'armée et du pays, contre les traités de commerce, contre les expéditions lointaines, contre le prétorianisme envahissant, contre le système économique et administratif, contre les choses, contre les hommes, contre les idées, contre l'Empire, en un mot !

Mais admettons que la rancune politique nous ait emporté trop loin ; admettons que la haine que nous portons à cet homme, ait rejailli sur son règne entier et sur tous ses actes, cherchons d'autres causes à nos immenses désastres. Prenons-les dans ces divisions intestines, dans cet éparpillement des forces du pays en partis ennemis. Eh bien ! là encore, nous sommes forcé de le reconnaître, nous trouvons l'Empire et l'empereur !

Comme son oncle, le neveu avait su contenir tous les partis ; il avait même exploité à son profit les vieilles haines et les vieilles rancunes. Lorsqu'il n'était qu'un pauvre exilé, il avait adressé au peuple français de lointaines prières et de longues supplications ; affilié aux sociétés secrètes de l'Italie, il avait protesté de son attachement aux intérêts populaires ; allant plus loin encore, il avait écrit, à l'adresse des classes ouvrières, un livre qui traitait pompeusement de l'extinction du paupérisme. Aussi, lorsque la révolution de 1848 éclata, il vint en France, et fut acclamé comme l'héritier de cette légende napoléonnienne, que le parti libéral avait eu le tort de défendre et d'exalter depuis 1815; il fut acclamé aussi comme un des représentants de cette idée socialiste si vague qu'il avait eu l'habileté de définir : « *Extinction du paupérisme.* » Nous ne voudrions pas être accusé d'exciter de vieilles haines, et de rappeler, comme appartenant à l'histoire, des faits que quelques-uns contestent encore aujourd'hui; mais nous ne pouvons omettre combien d'agents bonapartistes furent comptés parmi les insurgés de juin, combien l'or bonapartiste fut répandu, et quelle part le parti du prince Louis eut à l'assassinat du général Bréa. Il est inutile de raconter l'histoire de la présidence, les tentatives de corruption, dont quelques-unes réussirent, faites auprès de certains représentants, les sociétés secrètes et les fameux « *décembraillards;* » tout cela appartient à l'histoire, et nous ne voulons que faire ressortir cette monstrueuse alliance monarchique qui réunit bonapartistes, légitimistes et orléanistes dans une même coalition avec un même but, celui de renverser la République. Tous ces partis furent joués, et le 10 décembre Bonaparte était acclamé par je ne sais plus combien de millions de suffrages.

Tant que dura l'Empire, les partis restèrent calmes; les orléanistes se ralliaient lentement; les légitimistes, adoptant une nouvelle tactique, se renfermaient dans l'abstention; des républicains, les uns faisaient à l'Empire une opposition toute parlementaire; les autres préparaient l'insurrection dans l'ombre et le silence. Ainsi, tout paraissait pacifié, et la France semblait avoir oublié ses vieilles divisions. De ce côté-là encore, le réveil devait être terrible : du jour où la République fut proclamée, les partis reparurent et s'apprêtèrent à jouer un rôle actif dans les destinées du pays.

Nous voudrions être forcé de reconnaître que les uns et les autres contribuèrent également à la défense, et qu'ils furent tous animés du même désir de repousser l'invasion ; malheureusement, les faits parlent trop haut pour que nous ne puissions en tenir compte; nous éviterons de mettre en jeu des personnalités; nous voudrons bien croire que les hommes de tel ou tel parti, en paralysant la défense ou en prêchant la paix, furent de bonne foi et pensèrent, en agissant ainsi, mieux servir leur pays qu'en le défendant.

Et d'abord, prenons le parti bonapartiste, et examinons la conduite de ces hommes rares qui, après Sedan, crurent à la possibilité d'une restauration napoléonienne; à leur égard, nous pouvons parler en toute franchise, car s'ils n'ont pas craint de jeter la France dans cette guerre à jamais maudite, ils n'auraient pas hésité non plus à payer le triomphe de leur idée et le retour de leur maître par la honte et par le démembrement anticipé de leur patrie. N'est-ce pas eux qui, dans leur lâche complaisance pour leur maître, ont compromis notre dernière armée formée à Châlons, et l'ont menée à Sedan sur les ordres de celui qui n'avait pas le droit d'en donner? N'est-ce pas eux qui acclamaient la régente, et consentaient à traiter pourvu qu'on leur rendît le trône pour Napoléon et l'avenir pour sa dynastie? N'est-ce pas eux qui rendirent Metz après un siége dérisoire de trois mois, et alors que l'armée ne demandait qu'à combattre? N'est-ce pas eux qui allaient répétant dans les provinces que les républicains, pour renverser l'Empire, avaient compromis les succès de l'armée et trahi la France? N'est-ce pas eux et leurs fanatiques partisans qui tentaient une JACQUERIE, alors que le Prussien était sous les murs de Paris? N'est-ce pas eux qui protestaient contre la défense nationale dans leurs journaux de Londres et de Bruxelles? Et les lettres de Napoléon au président de l'Assemblée, et les scènes de violence en Corse? Et cette dernière insurrection du 18 mars, ne peut-on pas y voir leur main sacrilége, lorsque des membres du Comité central ont été arrêtés par leurs complices sous le prétexte que l'or qu'ils avaient dans leurs poches était de l'or bonapartiste. Mais, je m'arrête... l'avenir décidera si nos présomptions sont justes ou ne le sont pas. Après toutes ses lâchetés et toutes ses hontes, le parti bonapartiste ne peut plus rien que faire du mal et semer la division : la France ne rouvrira jamais ses portes à son bourreau.

Des légitimistes qui, nous l'avons vu, s'étaient cantonnés sous l'Empire dans le silence et dans la retraite, quelques-uns se jetèrent dans la lutte que la France républicaine soutenait contre l'Allemagne prussifiée. Obéirent-ils au sentiment chevaleresque des anciens preux et changèrent-ils volontiers leur devise « Dieu et mon roy ! » pour défendre la patrie menacée ? Ou bien voulurent-ils assurer leur influence politique par leur empressement à se ranger sous les drapeaux de la défense nationale ? Nous croyons que ces deux sentiments ne furent pas étrangers à la grande prise d'armes du parti, lorsque furent formées les armées de province. Quoi qu'il en soit, nous voyons reparaître les noms de Cathelineau et de Charrette ; ils rachètent par leur héroïsme les crimes de leurs pères qui avaient cherché à frapper la France par derrière, tandis que l'étranger l'attaquait en face. Les zouaves pontificaux, si nécessaires cependant à la défense du royaume de Pie IX, se souviennent enfin qu'ils sont Français avant d'appartenir au pape, et accourent servir d'avant-garde à l'armée de la Loire ; à leur nom se rattachent plusieurs beaux faits d'armes. A Paris, c'est un Breton qui dirige la défense, et les mobiles venus de son pays se distinguent par leur courage et par leur dévouement.

Aujourd'hui, nous n'avons pas crainte de le dire, tout ce beau zèle, tout ce dévouement ne fut pas désintéressé ; beaucoup de légitimistes virent dans la guerre un moyen de relever leur parti que la population avait mis en oubli ; ils devaient réclamer plus tard avec une insistance condamnable le prix de leur sang et de leurs efforts. Nous ne sommes pas de ceux qui accusent le général Trochu d'avoir trahi la France ; mais nous lui reprochons d'avoir manqué de loyauté et de franchise politiques. Il n'accepta la présidence du gouvernement provisoire que pour trahir la République, qui avait le droit de compter sur lui; il a rejeté sur ses collègues bien des fautes qui ne sont imputables qu'à lui seul; sa conduite a été une des causes de cette insurrection que nous avons à raconter. En province, les paladins de la légimité laissèrent bien les enfants perdus du parti combattre contre l'étranger; mais ils ne cessèrent d'attaquer Gambetta, et se firent les partisans de la paix à tout prix. C'est ainsi qu'ils parvinrent à envoyer sur les bancs de l'Assemblée nationale un grand nombre d'entre eux; ils furent la réaction, et amenèrent en partie, eux aussi, l'insurrection du 18 mars.

Les orléanistes ne différèrent pas sensiblement par leur conduite des légitimistes; ils ne surent pas faire parade du même esprit chevaleresque, mais ils montrèrent encore plus d'ambition; l'occasion leur sembla favorable pour ramener les princes de la famille exilée. Cependant, il faut l'avouer, nous avons vu le représentant du parti, M. Thiers, faisant tous ses efforts pour empêcher cette guerre funeste; nous l'avons vu, plus tard, parcourir, malgré son grand âge, toutes les cours de l'Europe, sollicitant les sympathies pour la France; nous savons aussi comment il se renferma dans le silence, lorsqu'il vit toutes ses démarches rester infructueuses. Mais les partisans du régime constitutionnel, les anciens et les nouveaux serviteurs de la famille d'Orléans, furent loin d'imiter la conduite de celui que l'on considère peut-être à tort comme leur chef et leur représentant. En vain ont-ils essayé de faire rentrer en France les princes exilés sous prétexte de concourir à la défense de la patrie; nous ne pouvons voir dans cette démarche qu'une tentative politique de restauration, une porte ouverte sur l'avenir pour servir aux princes d'accès au trône. En revanche, nous ne pouvons oublier de quels éléments se composa le foyer d'opposition qui s'établit à côté même du nouveau gouvernement à Tours et plus tard à Bordeaux; nous ne pouvons oublier les noms de ces hommes qui se rallièrent à l'Empire, lorsque celui-ci voulut prendre un masque constitutionnel, et qui en réalité ne rêvent que la restauration des fils de Louis-Philippe. Enfin, si nous désapprouvons ceux qui, pour assurer une plus longue durée à leur dictature, se disaient les partisans de la « guerre à outrance, » nous ne pouvons que flétrir les hommes qui réclamaient la paix sans cesse, et la voulaient « quand même. » Nous ne pourrons oublier que la nomination de M. Thiers à l'Assemblée nationale dans vingt-trois départements ne signifiait pas autre chose que la lassitude de la guerre et le désir de la paix. Orléanistes! prenez garde que si jamais vous parvenez à accomplir cette restauration tant rêvée, on ne vous dise que pour asseoir votre roi sur le trône, vous avez fait litière de l'honneur de la France !

Des républicains parlementaires ou modérés nous n'avons rien à dire : nous croyons qu'ils ont fait leur devoir sans bruit et sans fracas; héritiers d'un gouvernement qui ne laissait rien derrière lui, ils ont fait tous leurs efforts pour réparer des maux qu'ils avaient prédits et dont ils n'étaient pas la cause; ils échouèrent. Nous allons expliquer, en examinant la conduite d'un cinquième parti, d'où proviennent ces bruits absurdes et ridicules de trahison. Pour cela il faut remonter jusqu'au commencement de notre histoire révolutionnaire, et rechercher les origines du parti qui prétend aujourd'hui gouverner la France.

La révolution de 1789 avait été faite toute en faveur de la classe bourgeoise; le peuple, le véritable peuple, n'en retirait aucun avantage direct; à la monarchie de droit divin succédait la monarchie constitutionnelle, au système féodal le système parlementaire; la Constitution de 1791 n'appelait à la vie politique que deux millions d'électeurs, et établissait le suffrage à deux degrés. Mais une nouvelle révolution s'approchait; elle éclata le 10 août. Faite par le peuple, elle fut toute à son profit : la royauté fut renversée, et avec elle la municipalité bourgeoise de Pétion et de Mandart. La Commune révolutionnaire est instituée avec Danton et Marat; son premier acte est de créer un Comité de surveillance; et, quelques jours après, l'Assemblée législative, sous la pression populaire, décrète l'installation d'un tribunal extraordinaire. Désormais le peuple est véritablement souverain : il nomme la Convention, exige la mort du roi, la mort des Girondins, et finit par abdiquer ses pouvoirs en faveur de son idole, de Robespierre. Avec celui-ci meurt la République;

tout-puissant à la Convention, il la domine par la Commune, par le Comité de salut public, par le tribunal révolutionnaire. Aussi le voyons-nous bientôt faire tomber les têtes de Fabre d'Églantine, d'Anacharsis Clootz, de Camille Desmoulins, de Danton; le sang de ce dernier l'étouffa; la Convention, par haine et par peur, le renversa. Le Comité de sûreté générale, le tribunal révolutionnaire, la Commune et les sections, tous ces pouvoirs restèrent sourds à la voix d'Henriot, à celle de Couthon, à celle de Saint-Just, et laissèrent consommer le sacrifice. C'est que Robespierre était venu se heurter à une idée nouvelle qu'il n'avait pas comprise ou qu'il avait jugée dangereuse. En effet, c'est de cette époque profondément tourmentée que date l'avénement du système socialiste. Alors, comme aujourd'hui, on eût été embarrassé de le définir; néanmoins, il avait trouvé des adeptes et des apôtres. Robespierre n'avait pas hésité à frapper Châlier à Lyon, Chaumette et Jacques Roux à Paris. Ce dernier, tout-puissant aux sections des Arcis, des Filles-Dieu, Saint-Martin et des Gravilliers, avait fait une profonde impression dans les classes ouvrières et travailleuses de ces quartiers. Aussi, lorsque la Convention eut mis Robespierre hors la loi, ce fut la section des Gravilliers qui servit d'avant-garde à la petite troupe chargée de l'arracher au tribunal révolutionnaire où il s'était réfugié.

Avec le renversement de Robespierre, l'œuvre de la réaction commença et aboutit au 18 brumaire. Notons, dans l'intervalle, la tentative socialiste de

Gracchus Babeuf, si vite étouffée dans le ridicule et dans le sang.

Telles sont, si nous ne voulons pas remonter jusqu'au Moyen Age, les seules origines du parti socialiste en France. Pendant près d'un demi-siècle il resta complétement oublié, et n'eut pas même la force de faire soupçonner son existence. La révolution de 1830 se fit au nom de la liberté et nous reporta plutôt à 1789 qu'à 1792. Mais sous la monarchie de Juillet, les idées qui avaient fermenté depuis la convocation des États généraux jusqu'à l'avènement de la Convention, fermentèrent de nouveau et reprirent dans les classes ouvrières une nouvelle force, un nouveau désir d'expansion. Les doctrines de la souveraineté populaire reparurent, mais avec elles et conjointement des systèmes nouveaux sur la constitution de la société. Des écoles se formèrent avec Saint-Simon, avec Fourier, Considérant et une infinité d'autres. Aussi, lorsqu'éclate la révolution de 1848, ne tardons-nous pas à voir sur le drapeau français une nouvelle inscription : « République démocratique et *sociale*. » Malheureusement cette formule se traduisit par des actes, et bientôt éclata l'insurrection de Juin. Nous savons combien d'éléments divers entrèrent dans la composition de ceux qui prirent les armes à cette fatale époque; mais il n'en ressort pas moins que c'est au nom de ces doctrines socialistes si vagues, si peu connues de la majorité, que les agitateurs amenèrent un si effroyable désastre. L'insurrection vaincue précipita la réaction ; c'est en vain que le parti tenta de nouvelles prises d'armes, essaya de nouvelles doctrines et de nouveaux hommes : il était vaincu et entraînait la République avec lui. La présidence arriva, et l'homme de Sedan commença par Décembre.

Voici donc le bilan de ce parti qui prétend nous dominer aujourd'hui. Au 9 thermidor, il contribue au renversement de Robespierre, resté le seul représentant de l'idée républicaine; plus tard, Babeuf précipite l'agonie de la République par sa tentative ridicule. Il réparait en 48, et il la noie dans le sang des insurgés de Juin. Voyons maintenant quel rôle il va jouer sous l'Empire, quelle part il va prendre à la défense du pays envahi par la Prusse.

Quiconque, après le deux Décembre, conserva le sentiment de l'honneur et de la liberté, quiconque eut horreur de l'assassinat et ne sut plier devant le crime triomphant, protesta contre l'Empire. Sous le coup du meurtre et de l'effarement, l'opposition crut qu'il importait à sa dignité de s'abstenir. Mais comme la conscience publique semblait endormie, il fallut la réveiller ; pendant quinze ans nous entendîmes la voix de quelques hommes de cœur stigmatiser sans cesse le crime et le combattre dans ses folies militaires, politiques et économiques. Ces hommes avaient nom Jules Favre, Jules Simon, Eugène Pelletan. Que faisiez-vous pendant ce temps, socialistes vaincus en Juin, socialistes mitraillés en Décembre, socialistes exilés par l'auteur de l'*Extinction du paupérisme?* Vous vous taisiez, et nous allons voir où et comment vous avez retrouvé votre voix. L'opposition avait fini par grandir, non pas

tant en nombre qu'en autorité : elle triomphait à
Paris. Un jeune homme prit la plume, non pas un
des vôtres, socialistes : il se nomme Henri Rochefort
de Luçay, et, vous aurez beau dire, il ne connaît
pas un mot de tous vos systèmes, de toutes vos utopies ! il prit la plume et raconta le coup d'État à
ceux qui semblaient l'oublier complaisamment. Un
autre encore écrivit (et ce n'est pas, à coup sûr, un
des vôtres : il se nomme Eugène Ténot) l'histoire
de Paris et l'histoire de la province en 1851.

Des hommes rappelèrent qu'autrefois on avait eu
en France le droit d'exprimer librement sa pensée,
de se réunir librement. L'opinion s'émut, et on arra-
cha de l'Empire un semblant de loi sur la presse et
sur le droit de réunion ; en revanche, il vous accorda
le droit de coalition, sachant bien quel usage vous en
sauriez faire. Désormais la lice était ouverte, le terrain aplani, les difficultés vaincues, et vous arrivez
pour recueillir des fruits que vous n'avez pas semés.
L'Empire est ébranlé, déraciné même ; hercules, vous
allez le renverser et chanter victoire. Ah ! vous prétendez qu'on trompe le peuple, et qui donc si ce
n'est vous ? Quel usage avez-vous fait du semblant de
liberté qu'un empereur caduc avait été forcé de nous
concéder ? Tout à coup, et comme par enchantement,
nous avons vu reparaître ces théories qu'on aurait
pu croire oubliées ; vous les avez prêchées et exal-
tées dans les réunions publiques, sachant bien
qu'elles ne pouvaient servir qu'à effrayer la classe
trop nombreuse des bourgeois timides et des provinciaux irritables. Nous avons vu reparaître les émeutes

et les barricades ; la police y fut pour beaucoup, je le sais, mais vos hommes n'y étaient-ils pas non plus, et Flourens n'était-il pas votre général ? Vous avez cherché dans le bruit et dans les agitations de la rue le triomphe de vos idées ; vous avez fait retentir le pays de vos cris et de vos plaintes. Au Creuzot, c'était Assi, votre homme d'aujourd'hui, qui fomentait une grève ; à Paris, c'était l'enterrement de Victor Noir (pauvre victime ! vous l'avez oubliée aujourd'hui). Et puis c'était le procès de Blois et la fameuse conspiration. Vous dites que vous ne tramiez pas des complots dans l'ombre ? Allons donc ! Je pourrais vous dire chez qui et avec qui vous teniez vos réunions à Montmartre et à Batignolles ; je pourrais vous nommer ceux auxquels vous vous adressiez pour avoir la recette de la nitro-glycérine. Ces messieurs de la Commune ne me démentiraient pas ; il y en a trop parmi eux qui le savent bien. Et, plus tard, de quelle façon avez-vous protesté contre la déclaration de guerre ? Vous avez machiné un ridicule complot avec Blanqui, votre homme celui-là, et un de vos généraux d'aujourd'hui a réussi à tuer un malheureux pompier ! Singulier parti qui ne rêve que l'assassinat pour assurer la réussite de ses projets ! La guerre n'en continua pas moins, et de désastres en désastres nous conduisit à Sedan. Alors une voix s'éleva dans le sein du Corps législatif pour demander la déchéance de l'Empire ; ce n'était pas celle de l'un des vôtres : c'était celle de Jules Favre. La garde nationale entière proclama la République, et ceux qui, pendant vingt ans, avaient eu la glorieuse mission de protester contre l'Empire, recueillirent sa triste succession avec la charge de réparer ses fautes.

La patrie était bien en danger, et les hommes qui étaient au pouvoir étaient bien des républicains; on pourrait croire qu'étouffant vos haines politiques vous alliez vous grouper autour de la défense nationale. Erreur! Vous n'avez cessé, pas un jour, pas une minute, de protester contre le nouveau gouvernement. Vous avez d'abord réclamé la Commune et la levée en masse. Dérision! Vous demandiez la Commune parce que vous saviez bien que c'est vous qui la composeriez, et vous espériez ainsi arriver au pouvoir. La levée en masse! Ici nous touchons à ce qu'il y a de plus grotesque et de plus tragique; on se sent pris d'une immense colère quand on songe que c'est vous qui demandiez la levée ou la sortie en masse. C'est vous, vous, général Eudes, qui n'êtes connu que par l'assassinat de La Villette; vous, général Bergeret, dont la valeur est chargée de présider aux exécutions capitales; vous, Mégy, qui n'avez tué dans votre vie qu'un agent de police, vous tous enfin gens de Montmartre et de Clichy qui se firent huer par les femmes pour n'avoir pas voulu marcher contre les Prussiens; vous, gens de Belleville, qui vous sauviez des tranchées et que le général Clément Thomas a flétris dans un ordre du jour que vous ne détruirez pas, parce que nous l'avons tous dans nos mémoires. Il avait raison, n'est-ce pas, Clément Thomas, puisque vous l'avez assassiné! Et cependant vous avez failli être vainqueurs au 31 octobre; vous avez pris possession de l'Hôtel-de-Ville, et vous avez signé des bons pour vous procurer de l'argent, et vos hommes ont bien bu et bien mangé ; car, en guerriers magnanimes, vous avez détruit des milliers de bouteilles, vous avez cassé et brisé ; le lendemain plusieurs chariots emmenaient à la voirie les décombres que vous aviez accumulés. Vaincus ce jour-là, vous ne vous êtes pas découragés, et vous avez continué votre action dissolvante. Le 22 janvier, après la défaite de Buzenval, on vous retrouve les armes à la main ; vous veniez demander le changement du général Trochu. Ce jour-là le sang coula, et vous fûtes vaincus une fois encore. Le lendemain, le général Trochu était changé ; dix jours après, lorsque la capitulation fut signée, vous alliez colportant qu'il avait donné sa démission afin de ne pas prendre sous sa responsabilité la reddition de Paris ; vous criiez à la trahison, vous parliez de l'or prussien, vous jetiez l'insulte à la face de tous ceux qui avaient dirigé la défense de Paris. Vous ne réfléchissez donc pas qu'ils tiennent leur vengeance dans leurs mains ; ils n'auraient qu'à dévoiler le mystère de vos misères et de vos turpitudes morales !

En province, la dictature de Gambetta vous avait satisfaits et séduits ; vous aviez cru trouver en lui un de vos hommes, et une partie des vôtres s'était ralliée autour de lui. D'ailleurs, lorsque vous êtes en dehors de Paris, lorsque vous n'avez plus de lien avec la grande capitale, vous vous trouvez comme en pays étranger ; et cela est si vrai que tous vos actes tendent à faire de Paris la cité despotique qui gouverncrait la France. Cependant il y a à Lyon une population ouvrière nombreuse, facile à entraîner, et que de tout temps vous avez poussée à l'agitation. Aussi, vous avez marqué votre passage dans cette ville et votre tentative d'insurrection par l'assassinat du commandant Arnaud. Quel parti plus facilement que le vôtre a jamais répandu le sang?

Mais nous voici enfin arrivés à l'époque actuelle : nous savons qui vous êtes, quelle est votre origine, quels sont les services que vous avez rendus. Nous approchons du jour où vous allez prendre le pouvoir, dans quelles circonstances.

Paris rendu, on avait convoqué une Assemblée nationale pour traiter de la paix. A Paris, le parti républicain avancé fait passer presque tous ses candidats; on leur donne pour mandat de protester contre le démembrement de la France, et de demander compte au gouvernement de ce qu'il avait fait pour la défense du pays. Des hommes tels que MM. Louis Blanc, Ranc, Rochefort, Pyat, Tirard, Cournet, Clémenceau, Gambon, Tolain et Malon, furent nommés. A Bordeaux, où l'Assemblée se réunit, ils défendirent énergiquement l'intégrité du territoire; quelques-uns même donnèrent leur démission. Les préliminaires de paix n'en furent pas moins approuvés à une grande majorité. Tout le monde connaît les conditions du traité : un point seul nous intéresse. L'armée de Paris, moins une division, rendait ses armes; les officiers gardaient leur épée, la garde nationale, chargée de veiller à la sécurité de la cité, conservait ses fusils; enfin les

Prussiens occupaient un quartier de Paris, tant que la ratification des préliminaires de paix ne serait pas parvenue à Versailles. Inutile de dépeindre l'émotion de la grande capitale lorsqu'elle apprit que l'ennemi allait camper dans son sein. Les conseils de la sagesse et de la prudence prévalurent; tout fut calme. Les boutiques furent fermées, les rues désertes, les édifices publics arborèrent le drapeau noir; les Prussiens, parqués dans les Champs-Élysées, furent impitoyablement repoussés de l'intérieur de la ville. La population fut calme et digne dans son deuil. La veille, elle avait transporté elle-même dans un quartier éloigné de l'occupation les restes de notre artillerie qui se trouvaient place Wagram; femmes, enfants, gardes nationaux, tout le monde s'était attelé aux canons; on en avait mis dans les cours, on en avait conduit à Montmartre, à la place Royale, partout où ils devaient être à l'abri des Prussiens. Fort heureusement l'occupation, grâce à l'Assemblée, ne dura pas longtemps, deux jours à peine. Il était à présumer que la ville allait reprendre sa physionomie habituelle; il n'en fut rien; une sourde colère grondait dans les esprits. A tant de désastres, à tant de désillusions avait succédé non pas l'affaissement, mais comme un âcre besoin de récriminations pour les uns, de vengeances pour les autres. Mécontent de soi-même, on était mécontent de tous ceux qui avaient fait partie du dernier gouvernement. Les hommes de parti, profitant habilement de ces dispositions, semaient des bruits de trahison; dans leurs journaux, ils revenaient sur tous nos malheurs, et avec une adresse infernale ils s'efforçaient de montrer qu'ils étaient imputables à tel ou tel homme, et au gouvernement en général. Ils exaltaient le courage du peuple de Paris, sa patience dans les privations, son intrépidité devant l'ennemi. S'ils n'avaient pas vaincu, c'est qu'on les avait empêchés de combattre, ou bien si on les avait fait combattre, c'est qu'on avait voulu les faire massacrer ; les généraux étaient incapables, sinon traîtres. Quel homme de guerre n'aurait pas vaincu avec la mobile et la garde nationale de Paris? Et comme preuve ils exposaient des plans de campagne qui auraient infailliblement donné la victoire. Tel était le thème favori des journaux du parti radical, et aussi, il faut bien le dire, des journaux plus modérés. Ces calomnies étaient accueillies d'autant plus favorablement qu'en rejetant la responsabilité de nos revers sur les hommes du gouvernement, elles rassuraient les nombreuses consciences de ceux qui pouvaient avoir le remords de n'avoir pas fait tout leur devoir, et donnaient au peuple de Paris, si avide de louanges, l'assurance de son mérite et de son courage. Ces calomnies renouvelées d'une époque révolutionnaire où elles faisaient tomber les têtes, disposaient merveilleusement à une insurrection.

D'un autre côté, les textes ne manquaient pas aux déclamateurs. On s'en prenait à la nouvelle Assemblée, au chef du pouvoir exécutif. On reprochait à ce dernier sa fidélité à Louis-Philippe ; on ne voulait pas tenir compte de ses déclarations républicaines. D'ailleurs, il avait pris comme ministres des hommes du 4 septembre; avec eux il avait vendu et trahi la France; sourd aux supplications des députés de l'Alsace, de la Lorraine et de Paris, il avait sacrifié deux provinces. Le parti radical, par le vote de ses représentants, par la voie de ses journaux, de ses clubs, proclamait bien haut qu'il ne ratifiait pas un semblable traité. Fourbes et imposteurs! votre premier acte, en arrivant au pouvoir, sera de reconnaître ces préliminaires de paix dont vous vous étiez fait une arme si dangereuse! D'ailleurs, il était facile de voir que vous alliez en appeler à la force. Vous prépariez l'insurrection, vous l'organisiez dans le silence, vous la discipliniez.

Quelques hommes, honnêtes et sincèrement républicains, avaient émis l'idée de créer une sorte de fédération de la garde nationale. Chaque bataillon devait nommer deux délégués; ces représentants des bataillons devaient à leur tour choisir un certain nombre de députés, lesquels formeraient un comité central. Ainsi, l'on assurait à jamais la République en rendant impossible un coup d'État; on créait un lien fraternel entre les différents quartiers de la capitale, on les invitait à délibérer en commun des intérêts communs. Il n'y avait rien que de profondément sage et démocratique dans cette nouvelle institution. Mais des meneurs hardis s'en emparent; ils l'exploitent à leur profit. Délégués eux-mêmes des faubourgs, ils s'assurent l'adhésion de différents chefs de bataillons, choisissent leurs collègues, font participer au vote une minime fraction de la garde nationale, excluent absolument les quartiers du centre et parviennent ainsi à constituer un comité composé d'hommes inconnus à la population, mais dévoués à la cause de l'insurrection, capables d'en prendre l'initiative et d'en assurer le succès! Il n'est guère possible de douter de leurs intentions. Dans la séance du 24 février, où les statuts furent votés, on prit les résolutions suivantes : « La garde nationale doit désormais remplacer les armées permanentes; elle proteste contre toute tentative de désarmement et déclare qu'elle y résistera au besoin par les armes. — Dans la situation actuelle, la garde nationale ne reconnaît pas d'autres chefs que ceux qu'elle se donne. »

En gens habiles, les membres du Comité restèrent masqués; pour beaucoup leur existence était même inconnue. Leur but, il est facile de le comprendre, était de renverser le gouvernement; mais ils se gardèrent bien de l'attaquer en face, les armes à la main; la population aurait été contre eux. Pendant un mois ils s'efforcèrent de le provoquer, de l'amener à une lutte qu'ils appelaient de tous leurs désirs. Nous avons vu comment on avait mis à l'abri des Prussiens les canons restés dans les quartiers occupés par eux. Au lieu de les laisser conduire dans les arsenaux, les gardes nationaux préposés à leur garde, dévoués d'ailleurs au Comité central, prétendirent qu'ils les avaient payés de leur argent, qu'ils leur appartenaient, et finalement s'opposèrent à leur enlèvement. Sur des ordres émanés évidemment du Comité central, ils furent parqués, une partie sur les buttes Montmartre, une partie sur la place des Vosges. Le travail matériel de l'insurrection était commencé; il continua sans relâche. A Montmartre, on entoura le parc improvisé d'une sorte de tranchée; on mit un cordon de sentinelles tout autour, et on empêcha le public d'y pénétrer; la nuit on y transporta les canons de la place des Vosges à force de bras. Mais ce n'était pas assez; des bandes de gardes nationaux se répandirent dans les rues, désarmèrent les postes, envahirent les hôpitaux pour s'emparer des fusils des blessés et des malades. L'Assemblée répondit à ces provocations en refusant de venir siéger à Paris sous la menace des canons du Comité. La Montagne se récria vainement : l'Assemblée se rendit à Versailles. Les journaux républicains, sincères ou non, se répandirent en plaintes, quelques-uns même en menaces. Ce fut une occasion de répéter au peuple de Paris combien il avait été brave et patient pendant le siége, combien il avait été trompé et trahi par le gouvernement. Le peuple ne pouvait qu'applaudir. La décision de l'Assemblée n'en avait pas moins été sage et prudente; l'expérience du passé lui avait montré le peu de sûreté qu'il y avait à Paris pour une assemblée; jamais population n'eut moins de respect du suffrage universel. La Convention, envahie à plusieurs reprises, avait fini par être complétement dominée par la Commune; souveraine, elle n'a pas même devant l'histoire la responsabilité de la plupart de ses actes; l'insurrection la poussa au suicide et lui fit sacrifier un à un les hommes qui, devant la postérité, font sa force et sa gloire. L'Assemblée nationale, en 1848, eut le même sort. Il en eût été fatalement de même en 1871, si l'Assemblée était venue se fixer à Paris. Elle avait d'ailleurs une excuse valable pour ne pas entrer dans la capitale, tant que les canons braqués à Montmartre restaient une menace pour le reste de la ville et pour la liberté.

Le gouvernement résolut enfin d'agir, et dans une proclamation adressée à la population parisienne, il annonça qu'il allait avoir recours à la force pour s'emparer des canons parqués à Montmartre. Il faisait encore une fois appel au bon sens et à la raison des citoyens, et montrait combien cette situation mettait en péril la liberté et la République. Cette affiche, lue et commentée par une foule anxieuse, rencontra peu de sympathies. Les classes ouvrières et commerçantes se plaignaient de la lenteur et du mauvais vouloir de l'Assemblée; la question des loyers, si intéressante, n'était pas encore résolue ; la loi sur les échéances votée dernièrement précipitait la crise au lieu de l'éviter; on commentait la nomination du général d'Aurelles de Paladines au commandement des gardes nationales de la Seine; on y voyait un symptôme de réaction; enfin le recours à la force paraissait fâcheux, et on accusait le gouvernement de provocation. La garde nationale des quartiers du centre, lasse d'avoir combattu et vaincu l'émeute au 31 octobre et au 22 janvier, ne répondait pas au rappel que l'on battait de tous côtés; elle donnait pour prétexte qu'elle ne voulait pas combattre contre les batteries de Montmartre et qu'elle n'était pas prévenue du rôle qu'on voulait lui faire jouer. Sans croire à la réalité d'un coup d'État, dont le bruit commençait à circuler, elle en profitait néanmoins pour rester inactive et laisser le mouvement s'accomplir.

Pendant ce temps, en effet, les événements se précipitaient. Les dispositions militaires prises par le général Vinoy avaient été incomplètes ou mal exécutées. Les troupes sorties de leurs casernements pendant la nuit s'étaient emparé sans coup férir des hauteurs de Montmartre; mais les attelages avaient manqué pour emporter les pièces. Le jour approchait; les membres du Comité central étaient accourus, avaient réuni les bataillons dévoués et se préparaient à la lutte. Elle n'eut pas lieu : l'armée, déjà travaillée sous l'Empire par le parti socialiste, était dans un complet état de désorganisation physique et morale; les soldats composant l'armée de Paris avaient, pour ainsi dire, été pris un à un et convertis, non pas aux idées socialistes, mais à la défection. D'un autre côté, ils avaient perdu depuis longtemps tout sentiment du devoir. Habitués à entendre prêcher autour d'eux l'horreur de la guerre et la fraternité des peuples, les soldats, les officiers même, avaient fini par considérer leur métier comme inutile et barbare. Le sentiment de l'honneur militaire, inné chez le Français, avait soutenu la plupart d'entre eux pendant la guerre; mais ils étaient profondément lassés et n'aspiraient qu'au repos ; le nerf moral leur manquait. Beaucoup, d'ailleurs, parmi les soldats avaient montré combien l'instinct de la conservation était puissant chez eux ; ils ne se souciaient pas d'affronter de nouveau les balles. Aussi, lorsque les officiers commandèrent le feu sur les gardes nationaux, lorsque les cavaliers reçurent l'ordre de charger, tous restèrent immobiles ; les fantassins levaient la crosse en l'air ; en vain un capitaine de chasseurs était-il tué, en vain les officiers étaient-ils insultés, les soldats ne ressentaient pas l'outrage, ils allaient même au devant. Bientôt ils se débandent, se mêlent aux groupes de gardes nationaux, donnent leurs fusils à qui veut les prendre et abandonnent leurs officiers ; dans la journée, nous les avons vus attablés dans les buvettes du quartier, fraterniser, le verre en main, avec les hommes, les femmes, les enfants. Sur la butte, le général Lecomte essayait en vain de défendre les canons dont il s'était emparé, ses soldats l'abandonnaient et le laissaient prisonnier aux mains des insurgés ; on l'enfermait avec d'autres officiers au Château-Rouge ; bientôt on lui adjoignait un nouveau compagnon de captivité : c'était un beau vieillard décoré de l'ordre de la Légion d'honneur. Celui-là se promenait tranquillement à travers la foule, exhortant au calme, à la concorde, apaisant les esprits. Il fut reconnu pour être le général Clément Thomas, le même qui avait commandé la garde nationale pendant le siége, le même qui avait flétri la lâcheté des gens de Belleville. Il fut saisi, maltraité et conduit au Château-Rouge. Un député de Paris, un représentant du peuple, a écrit qu'il repoussait, comme étant œuvre de parti, l'érection d'un monument à la mémoire de ceux qui ont péri assassinés, victimes du devoir et de la liberté. Après toutes les monstruosités auxquelles nous venons d'assister, c'était la dernière qui devait nous étonner. Il y a donc un parti, monsieur Millière, qui considère l'assassinat comme naturel et légitime, un parti qui doit rougir et s'irriter devant le monument de ceux qui sont tombés sous les balles de lâches meurtriers. Ce parti, de la façon dont vous en parlez, ne serait-ce pas le vôtre, ou bien un siége à l'Assemblée nationale ou à la Commune est-il si précieux qu'il faille l'acheter par une pareille lâcheté ! Car ils ont été assassinés, les généraux Lecomte et Clément Thomas, dans une obscure maison de la rue des Rosiers ; s'il y a eu des juges, qu'on nous les nomme. Mais on s'en gardera bien ; on cherche à faire le mystère autour de ce drame sanglant ; on nous parle de soldats qui ont pris part froidement à cette sombre éxécution ; on cherche à rejeter la responsabilité sur des inconnus. Mais s'il y a eu deux assassinats, il y a eu des assassins, et ceux-là il faudra les retrouver, gens du Comité de la rue des Rosiers, si vous ne voulez pas que ce soit à vous que l'on demande compte du sang versé.

Cependant l'insurrection continuait sa marche victorieuse ; de Montmartre, elle s'abattait sur le centre de la capitale, et s'emparait un à un de tous les établissements publics. La population étonnée regardait et laissait faire. Le gouvernement s'était réfugié au ministère des affaires étrangères, puis à l'École-Militaire ; il avait dû enfin quitter Paris et rejoindre l'Assemblée à Versailles. De même que l'on avait reproché à l'Assemblée de n'être pas venue s'établir à Paris, de même l'on a récriminé contre les ministres d'avoir abandonné la ville au moment où le Comité central s'en emparait et l'occupait avec ses bataillons. Singulière erreur de jugement! Si la représentation nationale avait siégé au Corps législatif, les insurgés n'auraient rien eu de plus pressé que de l'envahir et de la chasser ; le gouvernement, resté seul à Paris, sans défense et sans armée, serait facilement devenu la proie des fédérés. Que serait-il alors advenu de la France? L'insurrection victorieuse se serait étendue sur le pays entier, y aurait établi son bizarre système de gouvernement, et probablement aurait renouvelé la série de nos désastres et de nos malheurs. Heureusement, il n'en a pas été ainsi ; l'Assemblée est restée debout avec son gouvernement ; elle a rallié autour d'elle toutes les forces disponibles de la France ; elle a affirmé son droit et sa souveraineté en face du Comité central et en face de la Commune. C'est ainsi qu'elle a pu triompher. Sans elle, nous serions aujourd'hui à la discrétion de l'Internationale, ou bien en pleine anarchie.

Le 19 mars, l'insurrection était maîtresse de Paris. Le Comité central, ébloui de sa victoire, hésita et perdit un temps précieux. Avant d'agir, il voulait connaître l'opinion de la population ; il interrogeait anxieusement l'horizon, pour voir si de Versailles l'orage n'allait pas fondre sur lui. Aussi il se contente, dans ses proclamations, d'affirmer la pureté de ses intentions; il n'avoue pas encore avoir fait une révolution ; il ménage l'Assemblée et ne triomphe pas de sa victoire. Dans son trouble, il oublie de faire occuper certaines mairies, celles du Ier et du IIe arrondissements entr'autres. Les gardes nationaux fidèles au gouvernement sont peu nombreux et incapables de se défendre ; le Comité central ne semble pas s'en apercevoir : il veut éviter toute espèce de conflit avant de connaître exactement les forces sur lesquelles il peut compter et celles qu'il aura à combattre.

Le 20, la situation se complique et s'aggrave ; on déclare déchu le gouvernement qui a quitté Paris, et on annonce de prochaines élections pour le remplacer. Mais si le Comité central avance dans la voie de la rébellion, la résistance s'accentue. Les journaux protestent énergiquement contre les élections et invitent la population à déserter les urnes ; les maires se retranchent dans leurs mairies et refusent la communication des listes électorales. L'Assemblée siégeant à Versailles fait afficher proclamations sur proclamations ; elle invite à la concorde et semble disposée à faire droit aux justes réclamations. Désormais la lutte est engagée, lutte pacifique, mais qui d'une minute à l'autre peut devenir sanglante. Le 22, en effet, les partis sont en présence.

Le *Journal officiel*, tombé entre les mains des insurgés, renferme une série d'articles et de proclamations contradictoires qui montrent d'une façon irrécusable l'incertitude et l'anxiété du Comité central. Le délégué au *Journal officiel* s'efforce de démontrer que Paris est dans le droit ; il s'appuie, pour le démontrer, sur le mandat restreint dont l'Assemblée a été investie, sur la façon dont elle a été élue, sur les nombreuses démissions qui ont altéré son caractère, sur son refus de venir siéger à Paris. L'auteur de l'article en conclut que l'Assemblée ne représente pas d'une manière complète, incontestable, la libre souveraineté populaire. Et, cependant, il ne dit pas qu'il faille la chasser pour en nommer une autre, car il ajoute : « Que l'Assemblée actuelle se hâte donc d'achever la triste besogne qui lui a été confiée, celle de résoudre la question de la paix ou de la guerre, et qu'elle disparaisse au plus vite. » Le délégué continue en affirmant le droit pour Paris « de procéder aux élections d'un conseil municipal, et de veiller à la liberté et au repos publics à l'aide de la garde nationale composée de tous les citoyens élisant directement leurs chefs par le suffrage universel. » Mais ce qui nous étonne, c'est qu'après avoir reconnu l'existence légale de l'Assemblée, le citoyen Longuet déclare que « c'est aux électeurs et aux gardes nationaux qu'il appartient maintenant de soutenir les décisions du gouvernement. » De quel gouvernement ? — De celui que vous venez de reconnaître plus haut, ou du Comité central ? — Du Comité, évidemment.— Alors, soyez sincères, et dites loyalement que l'Assemblée n'existe plus légalement pour vous : à quoi bon ces hypocrisies et ces mensonges ?

Du reste, ce n'est pas par la logique et par la franchise que se distinguent ces messieurs du Comité central. Un de leurs griefs contre le gouvernement légal est l'obstacle que ce dernier avait mis à la nomination du commandant des gardes nationales de la Seine par la garde nationale elle-même. Dans l'article que nous avons analysé plus haut, ce droit est rigoureusement affirmé ; mais, ce qui est incroyable, c'est la sanction que le Comité central, sous forme de décret, donne à l'expression de ce droit. Voici le décret tout entier ; il est des plus curieux :

« Le général commandant en chef des gardes nationales de la Seine a nommé, en date de ce jour, le général Raoul du Bisson aux fonctions de chef d'état-major général ;

« Le colonel Valigranne aux fonctions de sous-chef d'état-major général et commandant militaire à l'Hôtel-de-Ville.

« Le commandement du palais des Tuileries a été confié au colonel Dardelles, commandant des cavaliers de la République.

« Pour le général en chef des gardes nationales de la Seine,

« *Le chef d'état-major général,*

« DU BISSON. »

Nous n'aurons pas l'indiscrétion de demander le nom de ce général en chef qui délègue à son chef d'état-major le soin de se nommer lui-même, et de *confier* des commandements à ses amis ; ceci est du plus haut grotesque. Au moins pourrons-nous faire remarquer au Comité central qu'il a une singulière façon de faire nommer par la garde nationale ses propres chefs. Ainsi, dès le premier jour, on s'empresse de violer les principes au nom desquels on a fait une révolution.

L'*Officiel* du 22 contient encore la convocation des électeurs à l'effet d'élire le conseil communal de Paris ; comme le dit l'affiche, il s'agit de nommer des conseillers, et cependant le Comité central, infidèle aux déclarations contenues dans le premier article, déclare qu'il s'agit de remplacer le pouvoir tombé de mains indignes : quelle hypocrisie et quelle confusion !

De leur côté, l'Assemblée et les maires ne restaient pas inactifs ; une discussion des plus vives s'engageait à Versailles ; M. Jules Favre avec une violence, sincère à coup sûr, mais impolitique, flétrissait et dénonçait les agissements du Comité central ; il disait avec juste raison que la question municipale n'était pas en jeu, mais qu'on avait à réfréner un débordement des plus honteuses passions. Les événements ne devaient que trop lui donner raison ; mais dans de semblables circonstances, n'était-il pas plus habile et plus politique de donner satisfaction aux justes réclamations de la population, afin de détacher de l'insurrection les citoyens trompés par de fausses promesses. L'Assemblée ne le comprit pas ; en vain M. Tirard, maire du IIe arrondissement et représentant du peuple, essaya de dépeindre la véritable situation de Paris, et de montrer la nécessité qu'il y avait de faire droit aux griefs quelque peu justifiés de la capitale ; en vain M. Thiers voulut faire comprendre à la majorité que la conciliation était un besoin ; l'Assemblée resta sourde, et tout en reconnaissant le droit pour Paris de nommer ses conseillers municipaux, se refusa à fixer la date des élections. Les députés de Paris n'en adressèrent pas moins à la population une double proclamation dans laquelle, tout en déplorant les réserves de l'Assemblée, ils suppliaient les citoyens d'écouter sa voix et de ne pas répondre à un appel qui « leur était adressé sans titre et sans droit. » Deux affiches écrites dans ce sens étaient placardées sur les murs, la première signée par les représentants seuls, la seconde portant les noms des députés, des maires et des adjoints. Chose remarquable, ces deux placards avaient été signés par Edouard Lockroy et par Millière, représentants, par Léo Meillet, Combes, Malon, Dereure, Jaclard, adjoints, qui se trouvèrent plus tard mêlés plus ou moins directement à la politique de la Commune. — C'est qu'à ce moment l'autorité du Comité central était très-vivement contestée; les journaux refusaient de le reconnaître, et invitaient les électeurs à s'abstenir au prochain scrutin; une partie de la population s'était renfermée dans ses arrondissements et se montrait disposée à repousser l'insurrection par la force; des manifestations pacifiques parcouraient les boulevards, grossissant rapidement, et criant : « à bas le Comité central, vive l'Assemblée ! » Aussi les hommes que nous venons de citer plus haut, aventuriers politiques en quête d'honneur et de pouvoir, hésitaient-ils à se séparer du Gouvernement légal avant de savoir si l'insurrection du 18 mars était bien réellement triomphante. Disons, pour l'édification du peuple, qu'ils ne furent en général pas les moins violents dans la suite.

La journée du 22 mars devait être fatale à tous les points de vue ; l'antagonisme entre l'Assemblée et le Comité central venait de revêtir une forme nouvelle ; la résistance d'une partie de la population à l'insurrection fut cause d'un événement tragique : la veille, plusieurs centaines d'individus avaient parcouru les quartiers du centre avec un drapeau tricolore et des rubans bleus à la boutonnière ; le cri qui dominait était celui de « vive l'ordre. » Le 22, la manifestation se réunit vers une heure de l'après-midi sur la place du nouvel Opéra ; elle était plus nombreuse que la veille, et les esprits étaient peut-être plus excités. En passant devant la place Vendôme, occupée militairement par les bataillons fédérés, les cris redoublèrent ; quelques personnes voulurent même franchir les obstacles ; il s'ensuivit un certain tumulte, bientôt des détonations multiples se font entendre ; les fédérés avaient tiré sur une foule désarmée. Les récits ont varié sur ce fatal événement ; chacun des deux partis tenta de l'exploiter à son profit. Le Comité central fit faire une enquête ; elle fut tout à l'avantage des gardes nationaux ; les sentinelles avaient été menacées ; des fenêtres même on avait tiré sur elles ; on avait trouvé devant la place quantité de revolvers, de cannes à épée et de poignards. Il est difficile d'entrer dans la discussion des faits avec des témoignages contradictoires. Ce qu'il y a de certain, c'est que la foule qui s'était portée vers la place Vendôme n'y était pas venue avec l'intention de soulever un conflit ; quelques individus étaient peut-être armés, mais ils ne l'étaient que d'une façon insuffisante, et ne pouvaient rien prétendre contre des gens pourvus de chassepots et défendus par de l'artillerie. Pour nous, le massacre de la place Vendôme est le commencement de la guerre civile; c'est un honteux assassinat commis envers des citoyens usant d'un droit légitime.

Cet événement excita dans la population une vive émotion; deux camps bien distincts se formèrent, et la résistance acquit de nouvelles forces. Beaucoup de gardes nationaux et d'anciens gardes mobiles qui jusqu'alors étaient restés presque indifférents s'armèrent et vinrent se grouper autour des mairies. Les Ier, IIe, XVIe arrondissements reçurent des renforts considérables; dans la matinée même du 23 des bataillons du quartier relevèrent sans résistance des fédérés installés à la mairie de la rue Drouot; la gare Saint-Lazare fut occupée. Grâce à l'activité du commandant Barré, du 1er bataillon, tout le centre de Paris fut gardé par les bataillons fidèles au Gouvernement légal. La situation devenait des plus critiques et la guerre civile imminente. Le Comité central n'osait commencer l'attaque, et cependant les élections qu'il avait annoncées pour le 23 étaient rendues impossibles par cette résistance inattendue. Mais les maires n'avaient pas confiance dans les forces qu'ils avaient réunies; il leur répugnait de s'en servir contre les fédérés, beaucoup d'entre eux d'ailleurs avaient des relations secrètes avec l'Hôtel-de-Ville, et tout en semblant le combattre, favorisaient secrètement ses projets. C'est du moins ce qui ressort de la conduite de ceux qui représentaient à Paris le gouvernement légal. L'amiral Saisset, nommé par l'Assemblée général en chef des gardes nationales de la Seine, avait été établir son quartier général au Grand-Hôtel, et se contentait d'adresser force proclamations. Quant aux maires, ils tentaient une conciliation depuis longtemps déjà impossible : l'Assemblée représentant le suffrage universel dans sa plus haute expression ne pouvait consentir à l'abaisser devant un Comité, sinon anonyme, du moins composé d'inconnus. De leur côté, les chefs de l'insurrection n'étaient pas disposés à descendre du pouvoir qu'ils venaient de conquérir. Par le meurtre des généraux Clément Thomas et Lecomte et par le massacre de la place Vendome, ils avaient irrévocablement compromis les bataillons fédérés et creusé un fossé profond entre lui et le gouvernement légal. Cependant les maires ne désespéraient pas d'arriver à une conciliation. Accompagnés des députés de Paris, ils se rendirent en corps à l'Assemblée, et, revêtus de leurs insignes, entrèrent dans la loge du président. Ils furent accueillis par plusieurs salves d'applaudissements ; la gauche entière se leva, criant : « Vive la France, vive la République ! » On se serait cru transporté à la Convention, dans les beaux jours où les députations venaient demander la levée en masse. Mais la droite nous rappela bien vite à la réalité ; ce mot de République la mit en fureur, et elle força le président à lever la séance. Funeste aveuglement des passions politiques qui nuisit plus que toute autre chose à la tentative de conciliation que venaient faire les maires! En vain, au commencement de la séance de nuit, le président déclara que, s'il avait levé la séance un instant après l'entrée de MM. les maires de Paris dans les tribunes, c'est que l'Assemblée venait de décider qu'elle se retirerait immédiatement dans ses bureaux, et qu'il n'y avait plus rien à l'ordre du jour ; en vain la droite par ses applaudissements fit-elle amende honorable; en vain l'urgence fut-elle votée sur les propositions présentées à la tribune par M. Arnaud de l'Ariège ; en vain les maires écrivirent-ils : « quelques récits laisseraient supposer que les maires ont été insultés par une partie de l'Assemblée, ce qui est inexact, et il importe de les rectifier pour apaiser l'étonnement et l'excitation que la population de Paris en aurait justement ressenti. » L'effet était porté ; la population s'indigna de la conduite de l'Assemblée, et sa défiance ne fit que s'accroître. Aussi la défection commença à se produire dans les rangs des députés et des maires. Le jour même Millière écrivit de Versailles une lettre dans laquelle il se plaignait hypocritement de l'apposition de sa signature sur les affiches émanées des députés et des maires; c'était se réserver un siége à la Commune. En même temps, Malon, représentant du peuple démissionnaire et adjoint au 17e arrondissement, se ralliait au Comité central, et acceptait les élections fixées par lui au 26 mars.

En même temps le gouvernement de l'Hôtel-de-Ville, isolé dans Paris, cherchait à rassurer ses partisans à force de proclamations ; il faisait afficher qu'il avait reçu plusieurs délégations des villes de Lyon, Bordeaux, Marseille, Rouen, etc., qui étaient venues savoir quelle était la nature de la révolution et qui étaient reparties au plus vite pour donner le signal d'un mouvement analogue, préparé partout. Ce placard était en partie l'expression de la vérité; le Comité central avait des ramifications dans la France entière; presque tous ses membres étaient affiliés à l'Internationale et avaient à leur disposition les forces immenses de cette Société, qui compte chez nous plus d'un million d'adhérents. Aussi pouvaient-ils croire que le mouvement ne serait pas localisé à Paris et qu'il s'étendrait dans toute la province; mais il ne tenait pas compte de la résistance qu'il devait y rencontrer; d'ailleurs si l'insurrection avait à Paris un prétexte plausible dans la revendication des franchises municipales, il n'en était pas de même dans les autres villes; car si le Comité central réussit à tromper Paris sur la véritable signification des élections qu'il fit faire le 26 mars, en province on ne pouvait que réclamer l'établissement d'une Commune révolutionnaire, les villes étant en possession de droit d'élire leurs conseillers municipaux. Nous aurons à revenir sur l'influence qu'exercèrent dans le reste de la France la Commune et l'Internationale, ces deux forces qui restèrent confondues pendant tout le temps que dura l'insurrection.

Après les événements que nous venons de raconter, la journée du 24 devait être décisive; depuis trois jours les deux partis étaient en présence. D'un côté, le Comité central s'était établi à l'Hôtel-de-Ville et s'était fait reconnaître par une partie de la population ; il avait fait le dénombrement de ses forces et de ses ressources ; n'ayant pu réussir à faire faire des élections le 23 mars, il les avait ajournées au 26, et recevait tous les jours de nouvelles adhésions ; il ne lui restait plus qu'à briser la résistance de certains maires, qui se refusaient à reconnaître son autorité. D'ailleurs, ses proclamations avaient été plus modérées qu'on aurait pu le supposer au lendemain d'une insurrection victorieuse ; il cherchait à tromper sur ses véritables intentions, et, malheureusement, il y réussit. Il disait : « Citoyens, vous êtes appelés à élire votre Assemblée communale (le Conseil municipal de la ville de Paris). » Et il terminait : « Paris ne veut pas régner, mais il veut être libre ; il n'ambitionne d'autre dictature que celle de l'exemple ; il ne prétend ni abdiquer ni imposer sa volonté ; il ne se soucie pas plus de lancer des décrets que de subir des plébiscites ; il démontre le mouvement en marchant lui-même, et prépare la liberté des autres en fondant la sienne. Il ne pousse personne violemment dans les voies de la République ; il est content d'y entrer le premier. » En réalité, tout ceci n'est que de la rhétorique ; mais le vague de la pensée et la modération de la forme étaient bien faits pour abuser nombre d'esprits peu clairvoyants. Aussi, l'on se trompa facilement sur le caractère des élections auxquelles on allait procéder, et les avertissements de la presse, des représentants et des maires restèrent inutiles. Enfin, des comités se formaient, sous prétexte de conciliation, et favorisaient en réalité les agissements du Comité central. C'est ainsi que l'on put lire dans les journaux cette singulière proclamation :

COMITÉ DE CONCILIATION

« Citoyens,

« En face des effroyables périls qui menacent la Patrie et la République, qu'importe une *vaine question de forme et de légalité?* Le scrutin seul peut mettre un terme à une crise qui serait autrement sans issue. Le scrutin seul peut calmer les esprits, pacifier la rue, raffermir la confiance, assurer l'ordre, créer une administration régulière, conjurer enfin une lutte détestable, où dans des flots de sang sombrerait la République. Nous adjurons les maires d'appeler eux-mêmes Paris au scrutin, de convoquer au nom du salut public les électeurs pour jeudi prochain. Nous adjurons les représentants de Paris d'appuyer et de soutenir cette *initiative* des maires. Nous adjurons tous les républicains de s'unir à nous dans notre œuvre d'apaisement et de conciliation. »

Ce placard bizarre, où la légalité est traitée de vain mot, et où l'on parle d'initiative à propos de la pression que l'on veut exercer sur les maires; ce placard, où les causes de la guerre civile sont annoncées comme devant servir à l'apaisement et à la pacification; ce placard, dirons-nous, est signé par MM. Ranc, Ulysse Parent, Georges Avenel, Léonce

Levraud, Isambert et Delattre. C'est ainsi que l'on entendait la conciliation, en prêchant et en recommandant le triomphe du Comité central !

Malgré cela et à cause de cela même, la résistance à l'insurrection devenait de plus en plus sérieuse ; des forces nombreuses se groupèrent autour des maires. La mairie du Ier arrondissement fut occupée militairement ; des gardes nationaux en grand nombre s'installèrent dans les cours et les appartements; la place Saint-Germain-l'Auxerrois devint une véritable place d'armes, sous les ordres du capitaine Arnaud de Vresse, qui, plus tard, devait payer de sa vie son amour de la République et sa haine de l'insurrection. Toutes les rues aboutissant à la mairie furent défendues par des piquets de gardes ; une longue rangée de faisceaux garnissant le trottoir des quais indiquait qu'il y avait là une quantité d'hommes suffisante pour repousser toute agression. En face de Saint-Germain-l'Auxerrois, le Louvre était rempli de fédérés qui, d'ailleurs, prenaient garde de se montrer. En descendant vers le IIe arrondissement, les postes des Halles, de la pointe Saint-Eustache et la Banque étaient aux mains des bataillons fidèles à la cause de l'ordre. La mairie de la rue de la Banque était le centre et le foyer de la résistance. Plus de dix mille hommes, sous les ordres du commandant Barré, tenaient le quartier et le rendaient inabordable aux troupes fédérées. La Bourse servait de quartier général et de place d'armes; c'était là que l'on donnait des armes à tous ceux qui venait concourir à la défense de l'ordre.

Avec la Bourse, la Mairie et la caserne de la rue de la Banque, la Banque, la place des Victoires et la place des Petits-Pères, étaient gardés par les bataillons hostiles au Comité central. Les rues Vivienne, Richelieu, Croix-des-Petits-Champs, de la Vrillière, du Dix-Décembre, Joquelet, en un mot toutes les issues conduisant aux monuments publics de l'arrondissement étaient protégées par de nombreux piquets. Il y avait là la plupart des bataillons de l'arrondissement, plusieurs centaines de soldats de l'armée régulière restés à Paris, les éclaireurs Franchetti, et près d'un millier d'anciens gardes mobiles; des mitrailleuses étaient cachées dans les cours de différentes maisons de la rue Saint-Sauveur, et des artilleurs se tenaient prêts à les amener sur le lieu du combat. Du reste, les boulevards du centre n'étaient pas en la possession des fédérés; le poste du boulevard Bonne-Nouvelle était aux mains du comité directeur du IIe arrondissement; nous avons même vu le 100e bataillon faire un piquet sur le trottoir du boulevard, depuis la rue de la Lune jusqu'à la rue Saint-Fiacre. En remontant vers la Madeleine, la Mairie de la rue Drouot était solidement occupée; le Grand-Hôtel et les maisons formant la place du nouvel Opéra regorgeaient de gardes nationaux; ils avaient une batterie avec eux et tenaient en respect les fédérés, maîtres de la place Vendôme. Enfin, la gare Saint-Lazare était au pouvoir de la résistance, et le XVIe arrondissement, le quartier de Passy, était défendu par deux bataillons, sous les ordres du commandant de Bouteiller.

Comme on le voit, la situation était loin d'être mauvaise. Les maires avaient sous la main des forces nombreuses, et pouvaient avec elles faire respecter leur autorité. Nous n'avons pas à examiner quelle aurait été l'issue d'une lutte engagée entre les fédérés et les défenseurs de l'ordre ; dans ce moment du moins nous croyions la possibilité d'une victoire sur le Comité central ; son installation encore récente était incertaine ; il n'avait pas eu le temps de faire occuper et fortifier certains points de la capitale, qui, plus tard, demandèrent bien des efforts et bien du sang. D'ailleurs, les maires n'avaient qu'à se tenir sur la défensive ; l'échec de l'insurrection eût produit un effet moral immense ; il aurait permis au gouvernement de rentrer à Paris, et il n'y aurait pas eu dans la troupe d'hésitation possible. Mais le sentiment qui avait compromis la défense de Paris, arrêta les maires et les empêcha de tirer parti des forces dont ils disposaient. Le général Trochu n'avait pas voulu risquer la vie de plusieurs milliers d'hommes pour un succès au moins douteux ; de même les maires reculèrent devant une lutte qui aurait mis aux prises la population, et qui aurait peut-être fait couler des flots de sang. Ils ne comprirent pas que la bataille, pour être retardée, n'en n'était pas moins inévitable ; et d'ailleurs, au point de vue moral et politique, quel immense avantage si Paris avait lui-même eu raison de l'insurrection ! Les réactionnaires n'aurait pas pu agiter le spectre rouge et charger la capitale de leurs imprécations ; la République était à jamais assurée, et l'on n'aurait pu refuser ses franchises municipales, à une population qui, sourde aux excitations, se serait faite elle-même le champion du droit et le défenseur de la souveraineté nationale. Pour les maires eux-mêmes, cette victoire leur eût valu la reconnaissance de la France entière, et leur aurait assuré une gloire immortelle. Malheureusement plusieurs déjà pactisaient avec l'émeute, et les autres étaient pleins d'incertitude.

Cependant le Comité central prenait des mesures pour dissiper les rassemblements de forces, dont nous avons parlé plus haut. Il fit afficher le décret suivant :

« Considérant que la situation précaire de la ville devient de plus en plus accentuée, et qu'à tout prix il faut sauver la République ; — Que de tous côtés des commandants supérieurs, continuant les errements du passé, ont, par leur inaction, amené l'état de choses actuel ; — Que la réaction monarchique a empêché, par l'émeute et le mensonge, les élections qui auraient constitué le seul pouvoir légal de Paris ; — En conséquence, le Comité arrête : — Les pouvoirs militaires de Paris sont remis aux délégués Brunel, Eudes, Duval. Ils ont le titre de généraux et agiront de concert, en attendant l'arrivée du général Garibaldi, acclamé comme général en chef. — Du courage encore et toujours, et les traîtres seront déjoués. — Vive la République! — Paris, 24 mars 1871. » En même temps, tous les services militaires concernant l'exécution étaient confiés au général Bergeret. Comme on le voit, le Comité central jetait le masque ; il ne s'agit plus de conciliation ; il appelle les maires et leurs défenseurs *réactionnaires et monarchiques* ; il laisse entendre qu'il n'y a dans Paris aucun pouvoir légal constitué ; enfin, avec une audace inouïe, après avoir proclamé le principe de l'élection directe des chefs de la garde nationale, il nomme lui-même des généraux ; il va jusqu'à annoncer l'arrivée de Garibaldi, disposant ainsi d'un homme qui le condamnait, et mentant effrontément à toute une population.

Devant cette attitude du Comité central, véritable provocation à la guerre civile, les bataillons du centre s'apprêtèrent à la résistance. Vers les deux heures de l'après-midi, à la Mairie du Ier arrondissement et à celle du IIe, chacun prit son poste de combat ; tout fut disposé pour repousser les agresseurs. Les journaux d'alors ont diversement et inexactement raconté les faits de cette mémorable journée ; nous dirons simplement ce que nous avons vu. Vers les quatre heures, une rumeur se répandit place de la Bourse et dans les environs ; la Mairie du Ier arrondissement avait été attaquée et emportée par les fédérés ; ce bruit prenant de plus en plus consistance, les commandants ordonnèrent le branle-bas du combat. La Banque et les maisons de la rue Croix-des-Petits-Champs, qui lui font face, furent occupées jusqu'à la rue Coquillière, et les fenêtres garnies de matelas ; plusieurs lignes de gardes nationaux gardèrent la chaussée. Sur la place Notre-Dame-des-Victoires, les gardes mobiles furent rangés en bataille, prêts à déboucher sur la rue par laquelle les fédérés tenteraient de pénétrer; la rue Neuve-des-Petits-Champs fut défendue par plusieurs compagnies. Les dispositions prises ainsi, nous attendions l'arrivée des insurgés, avec la ferme résolution de les repousser vigoureusement, s'ils osaient nous attaquer. L'arrivée de quelques individus, que l'on avait envoyés aux renseignements, nous apprit ce qui s'était passé à la Mairie du Ier arrondissement; une colonne forte de trois bataillons et escortée de trois pièces d'artillerie était partie de l'Hôtel-de-Ville, sous les ordres du général Brunel; elle s'était portée par la rue de Rivoli vers la place Saint-Germain-de-l'Auxerrois, lorsqu'elle se trouva en face des gardes nationaux qui défendaient l'entrée de la place; le général Brunel fit avancer une pièce de canon, commanda de la charger, et fit tourner la gueule vers les défenseurs de la Mairie; le capitaine Arnaud de Vresse se présenta simplement avec ses éclaireurs, et par son attitude, fit réfléchir les assaillants; la lutte était évitée: Brunel fit alors entendre des paroles de paix, et demanda à s'entretenir avec les adjoints du Ier arrondissement, qui se trouvaient à leur poste. Nous ne savons pas ce qui fut dit ni ce qui se passa dans cette entrevue; toujours est-il que Brunel et les deux adjoints, Adam et Meline, déclarèrent que la conciliation était accomplie, et qu'il n'y avait plus qu'à obtenir l'adhésion des députés et des maires réunis à la Mairie de la Banque. Les fédérés déclarent qu'ils vont s'y rendre; mais, de peur d'une méprise, ils demandent à être escortés par une compagnie du 14e bataillon. La colonne se remit en marche, et vint se présenter à l'entrée de la rue Neuve-des-Petits-Champs; les gardes nationaux croisèrent la baïonnette, mais ils l'abaissèrent en voyant le numéro du 14e bataillon briller sur les képis de l'avant-garde. Les délégués du Comité central furent conduits auprès de la réunion des maires. Voici sur quelles bases fut conclu l'arrangement : Les élections ne se feraient pas le 26, mais bien le jeudi suivant; les maires resteraient dans leurs mairies respectives, et ceux qui avaient été chassés seraient réintégrés. Cette convention excita l'enthousiasme chez les uns ; les autres comprirent qu'il n'y avait rien de sérieux dans les concessions faites par le Comité central, et se retirèrent plus tristes que joyeux; il ne resta autour de la Mairie du IIe arrondissement que quelques centaines de gardes nationaux; le reste s'était en allé avec la persuasion que le conflit était terminé, et que le calme allait renaître. Quel désappointement, lorsqu'ils apprirent le lendemain que le Comité central avait refusé de ratifier les engagements pris par ses délégués. En même temps, il faisait occuper la mairie Saint-Germain-l'Auxerrois par les fédérés. Cette trahison était d'ailleurs préméditée, et l'on est en droit de s'étonner de la facilité avec laquelle les maires se sont laissés tromper. Le général Brunel avait pour instructions de faire mine d'attaquer les bataillons dissidents, de poursuivre s'il ne rencontrait pas de résistance, mais de parlementer et de transiger si les menaces ne produisaient aucun effet. C'est ce qui arriva ; aussi, la créance à une conciliation accomplie désorganisa la résistance et rendit désormais impossible toute espèce de lutte avec le Comité central. Ce dernier n'était pas d'ailleurs au bout de ses infamies, et le lendemain, par un nouveau mensonge, il allait dissiper les derniers défenseurs de l'ordre et assurer son autorité à Paris.

En effet, le 25 au matin, ceux qui étaient venus se ranger volontairement autour des maires, réunis au second arrondissement, furent étonnés en apprenant que l'arrangement intervenu la veille n'avait pas été exécuté; beaucoup renoncèrent, dans leur découragement, à continuer une lutte où les chefs faisaient défaut à leurs soldats; d'autres ne se rebutèrent pas, et se portèrent au quartier général de l'amiral Saisset; ils espéraient avoir affaire à un soldat, et pouvoir tenir plus facilement en échec le Comité central. Comme nous nous rendions, dans l'après-midi, au Grand-Hôtel, nous remarquâmes sur les boulevards des groupes nombreux où l'on discutait avec animation. Un bruit d'une gravité exceptionnelle circulait dans la foule : le duc d'Aumale avait été proclamé lieutenant général du royaume. On ne songeait pas à discuter l'absurdité d'une telle nouvelle; on la commentait et on couvrait d'imprécations l'Assemblée et le gouvernement. Malgré cela, nous continuâmes notre route; les anciens gardes mobiles étaient enfermés dans une maison de la place du Nouvel-Opéra. Malheureusement, il y avait plus d'officiers que de soldats; les premiers, habitués au commandement, avaient conservé une raideur toute militaire, et semblaient vouloir agir avec la même sévérité et la même hauteur qui les avaient rendus si impopulaires pendant la guerre. Les portes de la maison étaient fermées, et il était expressément défendu de sortir. Nous étions comme dans une prison où nous semblions avoir plutôt cherché un refuge que pris un poste de combat. Nous ne pouvions rester dans cette galère; nous préférâmes nous retirer. D'ailleurs, le Comité central triomphait sur toute la ligne. Le 25, à sept heures, l'amiral Saisset retournait à Versailles après avoir laissé copie d'un ordre où il autorisait les chefs de corps, officiers, sous-officiers et gardes nationaux de la Seine à rentrer dans leurs foyers. Il allait, sur l'invitation des maires, donner sa démission de commandant en chef de la garde nationale, fonction qu'il n'avait jamais réellement exercée. Nulle part il n'avait dirigé la résistance, et il n'avait fait connaître sa présence que par des proclamations qui, en ces temps de troubles, laissaient le public indifférent. Du reste, l'amiral Saisset n'était pas le seul à se retirer de la lutte; quelques députés de la Seine adressaient à la population une déclaration pour l'inviter à prendre part au vote; ils disaient : « Aujourd'hui, placés entre la guerre civile pour nos concitoyens et une grave responsabilité pour nous-mêmes, décidés à tout plutôt qu'à laisser couler une goutte de ce sang parisien que naguère vous offriez tout entier pour la défense et l'honneur de la France, nous venons vous dire : *Terminons le conflit par le vote, non par les armes!* » Ce manifeste était signé par MM. V. Schœlcher, Ch. Floquet, Ed. Lockroy,

Clémenceau, Tolain, Greppo. Nous ne pouvons que déplorer le funeste aveuglement des hommes qui auraient dû servir de guides au peuple de Paris; nous admettons qu'ils croyaient éviter toute espèce de conflit en conseillant le vote; mais n'était ce pas, au contraire, rendre la lutte fratricide inévitable, et signer la déclaration de cette guerre de deux mois si tristement terminée? Nous le pensions alors, et l'événement a justifié nos prévisions. Comme les représentants du gouvernement, comme les députés, la presse faiblit à son tour, certains journaux cessèrent de conseiller l'abstention et invitèrent les électeurs à déposer dans l'urne les noms des représentants de Paris. Cette mesure était tout à fait maladroite; elle augmentait le nombre des votants, et ne pouvait empêcher les candidats du Comité d'être nommés.

Le 26 au matin, tout était consommé; le Comité central triomphait véritablement; son autorité n'était plus contestée, et il faisait procéder aux élections. Néanmoins il ne crut pas prudent de se départir de la réserve qu'il s'était imposée; il adressait des conseils à la population. La dernière proclamation du Comité central mérite d'être rapportée entièrement:

« Citoyens, votre mission est terminée; nous allons céder la place, dans votre Hôtel-de-Ville, à vos nouveaux élus, à vos mandataires réguliers. Aidés par votre patriotisme et votre dévoûment, nous avons pu mener à bonne fin l'œuvre difficile entreprise en votre nom. Merci de votre concours persévérant. La solidarité n'est plus un vain mot. Le salut de la République est assuré. Si nos conseils peuvent avoir quelque poids dans vos résolutions, permettez à vos plus zélés serviteurs de vous faire connaître, avant le scrutin, ce qu'ils attendent du vote d'aujourd'hui. Citoyens, ne perdez pas de vue que les hommes qui vous serviront le mieux sont ceux que vous choisirez parmi vous, vivant de votre propre vie, souffrant des mêmes maux. Défiez-vous autant des ambitieux que des parvenus ; les uns comme les autres ne consultent que leur propre intérêt et finissent toujours par se considérer comme indispensables. Défiez-vous également des parleurs, incapables de passer à l'action ; ils sacrifieront tout à un discours, à un effet oratoire, à un mot spirituel. Évitez également ceux que la fortune a trop favorisés, car trop rarement celui qui possède la fortune est disposé à regarder le travailleur comme un frère. Enfin, cherchez des hommes aux convictions sincères, des hommes du peuple, résolus, actifs, ayant un sens droit et une honnêteté reconnue. Portez vos préférences sur ceux qui ne brigueront pas vos suffrages ; le véritable mérite est modeste, et c'est aux électeurs à connaître leurs hommes et non à ceux-ci de se présenter. Nous sommes convaincus que si vous tenez compte de ces observations, vous aurez enfin inauguré la véritable représentation populaire, vous aurez trouvé des mandataires qui ne se considèreront jamais comme vos maîtres. » Suivent les signatures.

Cette philosophie politique est assez singulière pour que nous n'ayions pas besoin de nous y arrêter. Ce que nous tenons à faire remarquer, c'est la promesse du Comité central de se retirer aussitôt les élections terminées. D'un autre côté, c'est le renouvellement de la candidature officielle déposée sous les mots et les protestations de désintéressement. Le Comité central eut, en effet, ses candidats, comme l'Empire avait eu les siens, et il se servit de son immense influence pour les appuyer et assurer leur succès. D'ailleurs, les manœuvres électorales furent nombreuses et audacieuses. Nous avons vu que la veille on avait fait courir le bruit de la nomination du duc d'Aumale à la lieutenance générale du royaume. On a dit que c'est M. Victor Schœlcher qui avait rapporté cette nouvelle de Versailles, et avait aidé lui-même à la répandre. Outre les dénégations formelles de M. Schœlcher, nous ne voyons pas quel intérêt il aurait eu à tromper ainsi la population. Pour connaître l'origine de ce bruit, nous n'avons qu'à rechercher à qui il devait profiter. Sans aucun doute, une nouvelle semblable, jetée dans le public, la veille du scrutin, devait exciter les esprits et les pousser dans la voie de l'insurrection; elle devait donner aux élections un caractère beaucoup plus radical; c'était, en effet, la justification de l'émeute. Ainsi, toutes les craintes du Comité sur l'établissement de la République étaient fondées, et le gouvernement n'avait fait que mentir. Là ne se bornèrent pas les manœuvres du Comité : les listes électorales furent considérablement retouchées; on admit au scrutin des gens qui n'avaient été jamais inscrits; les fédérés reçurent des distributions de vivres et de boissons extraordinaires; on fit voter dans les postes et dans les établissements occupés par la garde nationale. En dernier lieu, la période électorale avait été insuffisante; les candidats étaient presque tous inconnus, et on ne savait pas au juste quel était l'objet des élections. De ce scrutin nul à tous égards naquit la *Commune*.

Examinons maintenant quels furent les résultats du vote; le dépouillement dura deux jours. Les partisans du Comité central crièrent victoire; les abstentionnistes avaient été vaincus, et la Commune était sortie des urnes avec un nombre de voix plus considérable que les maires sous le gouvernement du 4 septembre. Très-heureusement pour la dignité des électeurs, ce raisonnement était faux et se retournait contre ceux qui prétendaient s'en servir pour démontrer la légalité du nouveau gouvernement. En effet, les adversaires du Comité central n'avaient pas entendu le combattre seulement par l'abstention; au dernier jour, ils avaient recommandé de voter pour les anciennes municipalités ou même pour les députés de Paris. C'est ainsi que les 1er, 2e, 9e, 16e arrondissements donnèrent la majorité à leurs anciens maires et aux chefs de la résistance qui avaient été vaincus le 24 mars. Les voix qui se portèrent sur ces différents candidats peuvent s'évaluer au minimum à 120,000. Nous avons fait le calcul sur les chiffres que nous avons trouvés dans l'*Officiel* de Paris; il n'est donc pas contestable. En outre, nous avons dit que la candidature officielle avait refleuri comme aux beaux jours de l'Empire; c'est ainsi que onze membres du Comité central et deux des généraux nommés par lui furent élus au scrutin du 26 mars.

Voici leurs noms : Arnaud, Ranvier, Babick, Bergeret, Billioray, Assi, Henri Fortuné, Rastoul, Jourde, Geresme et Varlin ; les deux généraux sont Eudes et Brunel ; ajoutons ceux qui n'eurent pas le huitième des électeurs inscrits : Brunel, Langevin, Raoul Rigault, Vaillant, J. Allix et A. Arnould dans le 8e arrondissement. Enfin, un étranger, Frankel, était admis à siéger dans le conseil communal de la ville de Paris. Ainsi, nous pouvons réduire ces élections à leur juste valeur ; malgré les manœuvres électorales, les quartiers du centre s'abstinrent ou protestèrent contre le scrutin en donnant leurs voix aux adversaires les plus résolus du Comité central ; dans les faubourgs, onze des candidats officiels furent nommés et avec eux les chefs les plus connus du socialisme. Malgré l'affluence des électeurs, les élus n'eurent pas partout la majorité exigée par la loi. Aussi allons-nous assister à un spectacle curieux : la Commune se désorganisant elle-même. Malgré cela, on voulut donner à l'installation de la Commune une solennité extraordinaire ; on rêvait le retour de ces fêtes grandioses de la première Révolution, qui, à la distance où nous en sommes, frappent encore les esprits d'enthousiasme. Une estrade fut dressée devant l'Hôtel-de-Ville, entourée de drapeaux rouges et de drapeaux tricolores ; les membres du Comité central et la nouvelle Commune vinrent y prendre place. Alors commença l'interminable défilé des bataillons fédérés ; les drapeaux s'abaissaient et saluaient, les tambours battaient aux champs et les clairons leur répondaient. Pour rompre la monotonie d'une semblable scène, on échangeait de temps à autre quelques discours. Un orateur, dont nous regrettons de ne pas connaître le nom, proclama le mariage du drapeau rouge et du drapeau tricolore, tout en laissant pressentir le prochain divorce; il raconta qu'on avait trouvé dans l'ex-préfecture les drapeaux sous lesquels avaient combattu les milices citoyennes en 1830. On les avait exhumés, on avait secoué leur poussière, et ils présidaient à la fête du jour. Cet honneur ne devait être que temporaire, car la démocratie et la République universelle ne devaient avoir qu'un drapeau, le drapeau rouge. Le lendemain, M. Paul Meurice disait, dans le *Rappel*, que ce drapeau était d'autant plus respectable que c'était celui des Gaulois. Voilà de l'archéologie, où nous ne nous y connaissons pas. Cette fête, du reste, n'eut pas l'éclat que ses auteurs croyaient lui donner; elle fut toute intime et resta ignorée d'une partie de la population parisienne. Le vrai peuple y fit défaut; ce fut plutôt une revue qu'une solennité. Nous ne vîmes qu'une centaine d'assistants; la garde nationale fit tous les frais. Le hasard nous y avait amené; nous quittâmes la place de l'Hôtel-de-Ville le cœur serré de toutes ces pasquinades. Heureux encore s'ils avaient borné là leur invitation des temps révolutionnaires!

Désormais la Commune est proclamée, et, en fait, elle remplace le gouvernement légal de la France. Il nous reste à examiner la conduite de ce Comité central qui, promoteur de l'insurrection, en avait assuré le triomphe et, pendant neuf jours, avait administré

Paris en son nom. Nous avons dit, plus haut, comment il s'était constitué et dans quel but. Les hommes qui le composaient étaient, en général, inconnus à la population parisienne; et même, chaque jour, nous avons vu de nouveaux noms ajoutés à la liste déjà nombreuse des chefs de l'émeute. Quels étaient donc ces hommes qui, sortis on ne sait d'où, étaient si vite et si facilement arrivés au suprême pouvoir? Qui donc avait pu rendre leurs noms si populaires dans la classe ouvrière? Qui les avait poussés et leur avait fourni les moyens de faire triompher leur cause? Il eût été difficile de répondre à toutes ces questions au moment où ils ont fait leur entrée sur la scène politique. Aujourd'hui, si le mystère n'est pas complétement éclairci, du moins on le pressent, et on est sur la trace des véritables coupables. Deux d'entre les membres du Comité central avaient une certaine notoriété, Assi et Charles Lullier.

Le premier était un ouvrier mécanicien du Creuzot, que son intelligence avait fait placer à la tête d'un des ateliers spéciaux.

En cette qualité de délégué, Assi jouit bientôt d'une grande influence sur ses compagnons et organise une grève considérable. Le bruit courut qu'il avait été suscité par M. Rouher, pour ruiner l'autorité de M. Schneider, président du Corps législatif. Quoiqu'il en soit, Assi quitta l'usine et s'établit au Creuzot. Une seconde grève éclata; il fut arrêté, conduit à Paris, jugé et acquitté. Par quelle influence? Le gréviste change alors de position, reste à Paris et s'occupe de la confection des équipements militaires. La guerre éclate, Paris est assiégé : il devient officier dans un corps franc qu'il abandonne pour entrer dans la garde nationale. Pendant le siége, il se contente du grade de lieutenant. Après l'armistice, il devient membre du Comité central, et, le 17 mars, il est nommé commandant du 67e bataillon.

Le nom de Charles Lullier rappelait de nombreux souvenirs. Ancien officier de marine, il s'était fait remarquer sous l'Empire par son exaltation ; son naturel l'avait poussé à jouer au chevalier errant, et il s'était porté champion de Jules Favre, qui ne le connaissait pas. Les tribunaux l'avaient considéré comme fou, et, malgré tous ses efforts, n'avaient pas vu en lui un individu dangereux. Mais cela ne faisait pas son compte ; pour se faire remarquer davantage, il embrasse la défense du parti radical. En homme habitué à faire peu de cas de la vie, il avait pris part à l'insurrection du 31 octobre. On jugea sa présence plus dangereuse qu'utile à la défense de Paris, et on l'envoya au Danemarck pour se débarrasser de lui. Nous ne le retrouvons que comme membre du Comité central. Des autres chefs de l'insurrection, nous ne connaissons que le rôle qu'ils ont joué depuis le 18 mars.

L'un, Avoine, est fils d'un ancien gendarme normand ; l'autre, Ranvier, veut se venger sur la société des mauvaises affaires qu'il avait faites ; Boursier n'est autre chose qu'un marchand de vins de la rue du Temple ; les autres ne valent même pas la peine d'être nommés. Et cependant, Bergeret, H. Fortuné et Lullier sont nommés généraux ; Boursier est délégué aux affaires étrangères, Varlin aux finances.

Ce qui fait la force de ces hommes et leur popularité, ce qui leur tient lieu de vertu, de talent et d'honneur, c'est leur affiliation à l'Internationale. Cette société, qui ne date que de l'exposition universelle de Londres, avait pris une extension énorme ; elle s'était répandue en Angleterre, en France, en Allemagne et en Espagne. A Paris, ses commencements avaient été des plus modestes ; d'un logement voisin, nous avons vu et entendu les membres fondateurs se réunir et discuter dans une étroite chambre de la rue des Gravilliers. L'Empire les avait poursuivis, mais inutilement. L'Internationale était comme une religion nouvelle qui ne faisait que croître avec les persécutions. Bientôt les faubourgs presque entièrement furent affiliés ; la propagande gagna les grands centres industriels, Lyon, Saint-Étienne, le Creuzot, Marseille. Ses ramifications s'étendaient dans les plus petites bourgades, et nous connaissons tel pays de la basse Normandie où la société compte un nombre considérable d'adhérents. Les questions économiques n'étaient pas seules discutées ; la branche française avait bientôt trouvé le programme primitif insuffisant ; elle s'était rejetée sur le terrain politique, et elle visait à une réforme complète et radicale de la société ; c'est ainsi que dans les réunions publiques de l'Empire, nous avons vu mettre sur le tapis le mariage et le divorce, la question des enfants naturels, l'émancipation des femmes, la liberté testamentaire, la liberté d'enseignement, le droit naturel. Quant aux théories politiques, on le traitait à huis-clos, dans des conciliabules secrets, à Montmartre, à Belleville et à Ménilmontant. Le droit à l'insurrection, les moyens de renverser le gouvernement, le régicide, telles étaient les questions à l'ordre du jour. D'ailleurs, l'Internationale n'était pas une force massive et inerte, difficile à mettre en branle; elle se divisait, selon les quartiers, par sections et admettait une initiation à plusieurs degrés. C'est ainsi que des corps de métiers, des associations ouvrières étaient simplement affiliées, sans que les individus qui les composaient fussent membres de la grande société. Mais l'organisation eût été incomplète si elle ne s'était rattachée aux groupes étrangers; des membres correspondants reliaient les différentes villes et les différents pays au pouvoir central, d'où venait le mot d'ordre, d'où émanait l'inspiration dirigeante. On conçoit maintenant la force énorme dont pouvait disposer une société ainsi constituée; il ne fallait qu'un cataclysme pour qu'elle se manifestât. La déclaration de guerre de la France à la Prusse servit d'occasion. Dans un conseil supérieur, il fut décidé que les sections réuniraient tous leurs adhérents et feraient une manifestation en faveur de la paix. L'entrée immédiate de l'armée en campagne fit avorter ce projet. Mais le mot d'ordre était donné. Désormais, l'Internationale, en France et en Allemagne, va chercher, par tous les moyens possibles, à entraver la continuation de la lutte. Son idéal politique est la République et la paix universelles. Elle n'en poursuit pas encore la réalisation, mais elle l'annonce et le proclame. Nous donnerions volontiers notre adhésion à ce programme, mais, dans les circonstances présentes, il ne pouvait être question d'une pareille utopie. Chacun devait songer à servir sa patrie et à repousser le fléau de l'invasion. Mais, nous l'avons déjà dit, il n'en fut rien. Nous ne nous occuperons pas de l'Allemagne et des proclamations socialistes qui furent répandues à flots pendant la guerre. En France, et à Paris particulièrement, l'influence de l'Internationale fut beaucoup plus grande ; non-seulement elle poursuivit pendant le siége l'exécution de ses desseins, compromettant ainsi la défense nationale, mais encore elle s'appliqua à écarter de la lutte contre l'étranger toutes les forces dont elle disposait. Ainsi s'explique la mauvaise volonté des faubourgs pour aller aux tranchées et leur fuite devant l'ennemi. Nous comprenons pourquoi les chefs du parti socialiste, si remuants en temps ordinaire, ne firent parler d'eux que par leurs tentatives d'insurrection. Ils préférèrent laisser aux bataillons du centre la gloire de ne pas reculer devant les Prussiens, et se réserver le combat des rues et des barricades, non plus contre l'ennemi, mais contre des Français.

Ainsi, J. Vallès, chef de bataillon, était introuvable lorsqu'il s'agissait de marcher en tête de ses hommes. Un jour qu'il pleuvait, il laissa les gardes nationaux se morfondre sur la place de l'Hôtel-de-Ville. On le trouva chez lui en robe de chambre et en pantoufles, causant au coin du feu. De même Vermorel. On eut toutes les peines du monde à lui faire comprendre qu'il ne devait pas rester inactif devant l'ennemi. Des amis le contraignirent à s'engager dans l'artillerie de la garde nationale où ses coreligionnaires politiques, dans un but peut-être intéressé, avaient pris du service. Le jeune et fougueux Maroteau lui-même, l'Apollon des brasseries de la rive gauche, fit tous ses efforts pour se faire exempter du service de la garde mobile. Il prétendait soutenir sa mère dont il avait fait la ruine et le désespoir. Il lui fallut dépenser une énergie incroyable pour arriver à son but.

Et ce que nous avançons n'est pas une calomnie, ni le récit de faits isolés. Il est facile de voir combien le langage du parti radical différa de sa conduite. Ses journaux et ses représentants n'avaient cessé de protester contre les préliminaires de paix; c'était une arme dont ils s'étaient servi contre l'Assemblée et contre le gouvernement. Cependant, dès que l'émeute les eut rendus maîtres du pouvoir, ils s'empressèrent d'affirmer aux Prussiens leur désir de vivre en paix avec eux; ils veillèrent scrupuleusement à ce qu'aucun acte d'hostilité ne fut commis contre eux. Nous aurons même occasion, plus tard, de raconter les nombreux rapports qu'il y eut entre la Commune et l'état-major allemand. Si l'Internationale avait provoqué la composition du Comité central, si elle lui avait donné son appui dans les faubourgs, il ne faut pas du moins faire incomber sur elle toute la responsabilité des malheurs qui ensanglantèrent Paris. Dans la suite de ce récit, nous verrons l'affinité qu'il y a entre elle et le parti bonapartiste. Tous deux, d'ailleurs, ont la même origine et usent des mêmes moyens. L'Empire, tombé à Sedan, n'a pas encore perdu toute illusion; s'il ne compte pas sur l'affection des populations pour se rétablir, du moins il sait comment on usurpe le pouvoir et quels moyens il faut employer pour assurer la réussite de projets criminels.

En 1848, il s'était servi du socialisme qu'il avait poussé à l'émeute; le prince Louis s'était fait, pendant de longues années, le défenseur et le promoteur d'un système utopiste qui avait séduit les classes ouvrières.

Ces dernières ne reculèrent pas devant l'insurrection pour assurer le triomphe des théories à l'aide desquelles on les avait abusées. Alors, Louis Bonaparte se retira d'elles et se proposa à la France comme un sauveur. Il est inutile, aujourd'hui, de raconter comment le pays fut trompé et comment l'Empire fut proclamé. La situation sembla la même en 1871 aux meneurs du parti bonapartiste; ils poussèrent de toutes leurs forces à la révolte, laissant à d'autres le soin de la réprimer, mais comptant bien en retirer tout le profit et ressaisir le pouvoir à l'aide des compétitions monarchiques. On comprend alors la présence d'Assi dans le Comité central; on s'explique la nomination du général Ganier au commandement des buttes Montmartre. Les journaux du Comité ont d'ailleurs eu la naïveté de constater la présence d'un grand nombre de bonapartistes à Paris.

Les affaires jugées en province nous ont appris

la présence d'un grand nombre d'anciens agents de police dans les insurgés de Marseille et de Lyon. L'Internationale et le bonapartisme, telle est la double origine du Comité central. Ces deux éléments vont d'ailleurs se retrouver dans la Commune.

CHAPITRE II

LA COMMUNE

La Commune fut un singulier composé de tous les partis révolutionnaires. Son principal instigateur avait été Raoul Rigault. Avant d'entrer dans le récit des faits, il est indispensable de connaître l'homme qui joua un rôle décisif dans cette funeste période de deux mois. C'était le premier et le principal élève de Blanqui. A lui seul le maître avait confié ses projets secrets; il était d'ailleurs capable de les comprendre et de les exécuter.

Rigault sortait d'une très-honorable famille qui lui avait fait donner une instruction solide et complète à l'Université de Paris. L'enfant, tout en montrant une grande intelligence, avait fait preuve en même temps d'une rare précocité dans le mal; il sut convertir les jeux de ses camarades en révoltes ouvertes, et mérita ainsi l'expulsion de plusieurs lycées. Jeune homme, il s'adonna à la paresse et à la politique. Hôte assidu des tavernes et des brasseries du quartier Latin, il y acquit bientôt une immense péputation par son cynisme et sa froide perversité. Jamais peut-être, depuis Diogène, personne n'avait affiché pareil mépris de la société et de ses lois. Vivant au jour le jour et d'expédients, il usait de la bourse de ceux qu'il rencontrait, comme de la sienne. Il ne craignait pas de s'adresser aux malheureuses créatures qui fréquentent les bals et les estaminets de la rive gauche pour obtenir un dîner et un gîte. Pour lui, c'était la chose la plus naturelle du monde, et il se serait fait scrupule d'en rougir. Qui ne l'a vu parcourir les rues et les boulevards avec des souliers éculés, un chapeau défoncé, des vêtements crasseux et une cravate rouge? Il allait la tête droite, le regard fier, et parcourait son chemin suivi d'une bande de jeunes disciples qui formaient son état-major. On le considérait comme un grotesque et l'on se refusait à voir en lui le sinistre personnage qui devait couvrir Paris de sang et de ruines. Mais ce n'était rien d'avoir vu cet homme sans pudeur, il fallait entendre son langage cynique et froidement cruel. Il racontait, à qui voulait l'écouter, ses idées morales et politiques. Il aimait à parodier Marat et demandait pour régénérer la France deux cent mille têtes. Il affichait d'ailleurs une grande assurance sur l'avenir de son parti. S'il parlait volontiers des faveurs qu'il distribuerait à ses amis, lorsqu'il serait au pouvoir, il se vantait aussi facilement de dresser des tables de proscriptions et d'y inscrire tel ou tel nom. De son maître Blanqui, il tenait des goûts d'intrigues et de conspirations auxquelles il ne cessa de s'exercer. Il fit de la police par inclination et par système. Il était infatigable à la poursuite d'un agent et n'était satisfait que lorsqu'il connaissait son nom, son adresse et ses attributions. C'est ainsi qu'il dépistait les plus fins limiers de la police impériale. Il aimait d'ailleurs à se vanter de ce talent et se plaisait, dans les cafés qu'il fréquentait, à désigner les agents de police attablés parmi les consommateurs. Le gouvernement du 4 septembre crut se le concilier en le nommant secrétaire général de la préfecture de police ; mais il entendait bien y siéger en maître. L'insurrection du 18 mars devait combler ses vœux. Nommé membre de la Commune, il se contenta d'être délégué à l'ex-préfecture de police. Il se crut et il en fut en réalité le maître. Il put disposer de la vie et de la fortune des citoyens. Alors seulement on comprit le cynique du quartier Latin ; on ajouta foi à ses tables de proscriptions ; on eut peur de lui. Malheur à ceux qui ne le prirent pas au sérieux ; il continua son rôle avec le même flegme et le même calme. A l'archevêque de Paris qui se défendait avec l'onction d'un prélat, il répondit :

— N'oubliez pas que vous êtes devant des magistrats !

Il fit arrêter des prêtres, des journalistes, des réfractaires, des chefs de différentes administrations, et il présida aux exécutions des otages, sans jamais sourciller, sans rien perdre de sa gravité. Ces sortes d'occupations remplissaient la journée. Le soir, il se délassait au théâtre et courtisait des actrices. Il mourut volontairement et froidement. Il avait eu deux mois d'orgie et de pouvoir ; il croyait avoir rempli sa tâche. Aussi ne fit-il pas le moindre effort pour se sauver ; il dédaigna même de faire le fanfaron devant le peloton d'exécution. Il avait bien mérité de Marat et de Blanqui, ses deux maîtres !

La Commune eut un autre héros. Delescluze différait autant de Rigault que Caton différait de Diogène. C'est un jacobin rigide de la veille roche, mais un jacobin épileptique. Il est honnête et sincère, mais sa cervelle étroite ne peut contenir qu'une idée au service de laquelle il met une volonté de fer. Par tempérament il est doux et humain ; mais quand il s'agit de défendre sa conviction, il est sauvage et cruel. Son âme est droite et honnête. Il ne connait pas la fuite et il ne sait pas transiger avec sa conscience ; mais pour faire triompher un système politique, il ne recule devant rien. Cet homme est fait tout d'une pièce ; la foi lui tient lieu de raisonnement. Il n'est pas comme Vallès qui plaisanta agréablement la canaille dont il se sert et qu'il prétend servir. Pour Delescluze, la République est indiscutable ; le peuple est grand, généreux ; sa victoire est assurée. Il ne cherche pas à convaincre, mais à vaincre. C'est ainsi qu'il en vint à brûler Paris et à faire couler des flots de sang ; il sacrifiait les autres, comme il s'est sacrifié lui-même. Retranché avec quelques gardes nationaux derrière une barricade, il laissa ses compagnons s'enfuir et resta à son poste, quoiqu'il fût incapable de le défendre. Il tomba frappé de plusieurs balles et mourut avec la conscience d'avoir accompli son devoir.

Des autres membres de la Commune, Félix Pyat se distingua par sa lâcheté, Vermorel par son hypocrisie et l'ambiguïté de sa conduite. C'est une étrange association d'écrivains déclassés, de chercheurs d'aventures et d'hommes tarés. Nous y trouvons Dupont qui avait joué un rôle si singulier dans le procès de Blois; avant le 18 mars, il était commissaire de police et se flattait auprès de ses amis de les servir et de trahir l'administration dont il dépendait. Cependant le 17, il envoyait un rapport à la Préfecture où il disait que le parti radical s'agitait beaucoup et semblait disposé à faire une prise d'armes; si l'on voulait s'emparer des canons des buttes Montmartre, il fallait des forces considérables. Le lendemain l'insurrection triomphait, et Dupont se mettait avec elle et l'acclamait; huit jours plus tard, il était nommé membre de la Commune; s'il fut fidèle, c'est qu'Eugène Vermesch avait entre les mains l'original du rapport qu'il avait adressé à la Préfecture le 17 mars. Mais son gendre, Gérardin, n'avait pas les mêmes raisons, et nous le verrons plus tard s'enfuir avec Rossel.

Cependant la Commune, nommée malgré la résistance d'une partie de la population, devait se désorganiser elle-même. Beaucoup des élus appartenaient aux anciennes municipalités et ne pouvaient accepter un mandat dont l'irrégularité contrastait avec le caractère qu'ils avaient reçu du suffrage universel librement consulté; du reste, les électeurs ne les avaient nommés que pour protester et se retirer. C'est ainsi qu'on eut à enregistrer les démissions successives de Ch. Leroy, Robinet, Ad. Adam, Méline, Loiseau-Pinson, Rochard, Murat, Barré, Brelay, Tirard, Chéron, Desmarest, Ferry, Nast, Fruneau, Marmottan et de Bouteillier ; avec les cinq nominations doubles, c'était un total de vingt-deux sièges vacants. Après le décret qui convoqua les électeurs, les démissions ne s'arrêtèrent pas ; le 5 avril, c'est Ulysse Parent qui se retire ; le 7, c'est Ernest Lefèvre ; d'autres devaient encore suivre leur exemple : MM. Ranc et Goupil qui se retiraient quelques jours plus tard.

Ces démissions n'empêchèrent pas la Commune de se constituer définitivement et de fonctionner. Ses premiers actes tendirent à la réorganisation de l'administration ; des commissions furent nommées et chargées de présider aux différents services ; le pouvoir exécutif fut confié à un délégué. Quant aux mairies, on décréta qu'elles seraient administrées par les membres de la Commune élus dans l'arrondissement. C'était une façon habile de se décharger du fardeau de l'expédition des affaires quotidiennes et de se réserver pour les grandes questions. Les membres les plus énergiques de la Commune avaient un but bien arrêté ; ils voulaient attaquer le gouvernement de Versailles, et ne pas lui laisser le temps de réunir des forces plus considérables. C'est à cet ordre d'idées que se rattachent les premiers actes du nouveau gouvernement : il fallait s'attacher définitivement les classes ouvrières et pauvres, créer une sorte d'armée et se procurer l'argent : trois problèmes qui furent habilement résolus. L'Assemblée

nationale s'était attiré la haine d'une partie de la population pour son peu d'empressement à résoudre la question des loyers ; la Commune, le lendemain de son avénement, décréta la remise de tous les loyers échus depuis le mois d'octobre jusqu'au mois de juillet inclusivement. La mesure était radicale, mais ne produisit pas tout l'effet qu'on en attendait ; elle amena même une certaine réaction et détacha beaucoup d'hommes honnêtes du parti de la Commune ; toutefois la classe trop nombreuse des gens sans aveu et des débiteurs insolvables applaudit et mit à profit cette étrange faculté accordée au locataire de ne rien payer des termes échus depuis un an.
— Il n'était pas non plus difficile d'organiser une armée avec les éléments nombreux que fournissaient la garde nationale et l'artillerie restée aux mains des fédérés ; cependant il y eut beaucoup de tâtonnements, et l'on n'arriva jamais à un résultat satisfaisant. La Commune décréta l'abolition de la conscription et la suppression des armées permanentes ; mais tous les hommes de dix-huit à quarante-cinq ans devaient faire partie de la garde nationale ; c'était se donner le droit de disposer de toutes les forces vives restées dans Paris, et s'assurer un recrutement pour ainsi dire inépuisable pour remplacer les vides qui devaient se faire dans les rangs des fédérés. Ces deux premiers décrets reçurent l'approbation du Comité central des vingt arrondissements de Paris : une des particularités de cette funeste époque fut la multiplication de comités de toutes sortes, représentant une foule de choses et qui ne tenaient leur mandat que

d'eux-mêmes ; tel ce nouveau Comité central dont personne ne soupçonnait l'existence, et qui affichait la prétention de contrôler les actes du nouveau gouvernement ! D'ailleurs, l'ancien Comité central de la garde nationale n'avait pas disparu, comme on aurait pu le croire. Dans ses proclamations, il n'avait cessé de parler de son désintéressement ; il avait dit qu'il se retirerait devant la Commune, et laisserait à cette dernière le soin d'administrer Paris. Mais il crut devoir conserver le mandat qu'il prétendait avoir reçu de la garde nationale ; il s'érigea en conseil supérieur et prétendit avoir la haute main sur les opérations militaires ; il se fait l'auxiliaire de la Commune, malgré elle ; c'est ainsi qu'il prend un arrêté qui ordonne la complète réélection des cadres. Rochefort dans son *Mot d'ordre* dénonce le dissentiment qui s'est élevé entre le gouvernement et le Comité central ; tous les deux protestent. Néanmoins la Commune ne peut nommer Cluseret seul délégué à la guerre ; elle est contrainte de lui adjoindre le général Eudes ; il fallut la défaite des fédérés pour que ce dernier fût sacrifié et pour que tous les pouvoirs militaires fussent remis à Cluseret. Celui-ci dut reprendre en sous-œuvre l'organisation militaire qu'il avait trouvée établie et reformer les bataillons de marche.

Sous le rapport financier, la Commune ne devait pas rencontrer autant de tiraillements, mais plus de difficultés. Le gouvernement légal, en quittant Paris, avait désorganisé tous les services et enjoint à ses employés d'emporter les caisses. Les postes, les télégraphes, les douanes, les contributions directes et indirectes, toutes les administrations financières avaient quitté Paris. Aussi le Comité central s'était-il trouvé dans une situation déplorable, après sa victoire; il ne pouvait s'adresser à la Banque gardée ainsi que le quartier environnant par les bataillons de l'ordre; il dut faire feu de toutes pièces et inaugura un système financier assez semblable à celui que l'on pratique sur les grandes routes; il s'empara des derniers sous restés dans les caisses publiques, et pendant un ou deux jours tâcha de vivre sur ses propres ressources. Mais son grand moyen fut la réquisition à main armée; il fit envahir les gares de chemin de fer par des fédérés et mit la main sur les caisses; cinq compagnies d'assurances reçurent la visite des agents de l'insurrection qui mirent les scellés sur les bureaux de l'administration et s'emparèrent de tout ce qu'ils trouvèrent sous leur main; les scellés furent levés, mais la saisie maintenue. Il en fut de même pour la Compagnie du Gaz. On poussa l'impudence jusqu'à envoyer des gardes nationaux le matin à la halle, et à vider les caisses pleines de l'argent recueilli à la criée. Tout cela se faisait sous la menace d'arrestation, et sous la pression d'officiers qui ne craignaient pas d'user de leurs revolvers. Les particuliers ne furent pas à l'abri des réquisitions; le Comité, de simples officiers même, échangèrent des bons contre des provisions de toute sorte. Un tel système ne pouvait convenir à un gouvernement régulier comme la Commune; elle rêva un autre genre d'exactions qu'elle voulut couvrir des apparences de la légalité. Elle fit publier par les journaux dévoués qu'elle s'occupait activement de la prochaine émission d'un emprunt public; la commission des finances devait également mettre en circulation des billets petites coupures. Lorsque la lutte fut engagée entre les troupes de l'insurrection et les troupes de l'Assemblée, la Commune prononça la confiscation des biens de M. Thiers, Jules Favre, Picard, Dufaure et Pothuau. Cachant une spoliation sous le couvert de la politique, elle décréta la séparation de l'Église et de l'État et la confiscation des biens de mainmorte; c'était un prétexte pour arrêter les prêtres et s'emparer des objets précieux affectés au culte. Malheureusement tous ces décrets avaient peut-être une valeur politique, mais ils n'avaient aucune valeur financière. Il fallut avoir recours à d'autres moyens. On essaya d'envahir la Banque à plusieurs reprises, et, par une sorte de compromis tacite, on obtint, en échange des garanties de sécurité qu'on lui donnait, une somme de plusieurs centaines de mille francs que l'administration dut verser chaque jour dans les caisses du délégué aux finances. Mais ces ressources étaient encore insuffisantes pour l'état de guerre dans lequel on se trouvait; la Commune dut songer à réorganiser les services publics, qui faisaient le revenu de la ville. Theisz fut nommé directeur des postes, et assura ce service dans l'intérieur de Paris. Les douanes furent rétablies, en partie du moins, et furent mises en état de produire quelque argent à la Commune. Il ne put en être de même pour les contributions, et on se vit dans l'obligation d'adresser un appel aux contribuables, appel auquel presque la population de Paris resta insensible. Malgré toutes ces ressources, la Commune se vit contrainte d'employer le système qui avait si bien réussi au Comité central ; elle fit des réquisitions, et rendit plus d'une fois visite aux caisses des grands établissements financiers ou industriels ; elle reçut d'ailleurs de l'argent de gens qui tinrent à rester inconnus ; de Genève, où se tramaient alors tous les complots bonapartistes, partaient des caisses pleines d'or à la destination de Paris.

Une fois l'administration réorganisée, l'armée constituée, les finances assurées, la Commune se crut en état d'attaquer en face le gouvernement de Versailles et prit ses dispositions. Depuis quelques jours déjà, ces deux armées étaient en présence. Les insurgés étaient maîtres de tous les forts, à l'exception du Mont-Valérien ; ils avaient armé les remparts, et couvraient Paris de barricades. Le pouvoir exécutif de la République n'avait pu empêcher les progrès des fédérés ; il avait quitté Paris sans aucunes ressources, sans aucune défense ; il avait groupé à la hâte autour de lui les quelques forces dont il pouvait disposer, mais elles étaient bien insuffisantes et il n'avait pas d'armée ; quelques escadrons de gendarmes et des sergents de ville, voilà les seules ressources véritables en face de plus de cent mille gardes nationaux ; la fidélité des quelques troupes qui l'avaient accompagné était au moins incertaine. Il est probable que si les fédérés le lendemain de leur victoire avaient marché sur Versailles, ils auraient mis l'Assemblée en péril ; fort heureusement, la résistance des maires les contint quelques jours.

M. Thiers sut déployer la plus grande énergie, et en fort peu de temps appela auprès de lui tous les auxiliaires sur lesquels il pouvait compter. Quelques-uns, comme les zouaves de Charrette, étaient très-compromettants ; mais il ne pouvait hésiter, il y avait péril en la demeure. Aussi, dès le commencement d'avril, le Mont-Valérien armé à la hâte, quelques régiments de ligne venus de province, une belle cavalerie, et la police municipale de Paris, formaient un contingent capable de tenir en échec les forces de l'insurrection. Pendant ce temps, le général Ducrot reformait des régiments avec des soldats revenus d'Allemagne, et Faidherbe dans le Nord dirigeait sur Versailles les meilleures troupes dont il disposait.

La Commune ne pouvait croire à tant d'activité de la part d'un vieillard de soixante-quinze ans, et elle résolut à commencer la lutte, sauf à en rejeter la responsabilité sur Versailles, si elle échouait. Dans les premiers jours de mars, quelques patrouilles de cavalerie s'étaient rencontrées dans la zone des forts du Sud avec des détachements de fédérés ; la Commission exécutive avait fait grand bruit des quelques petits succès que les gardes nationaux n'avaient peut-être même pas remportés.

Le samedi, 1er avril, les portes de Paris furent fermées, et les habitants purent constater eux-mêmes un grand mouvement de troupes. Les bataillons défilaient en grand nombre, se rendant aux avant-postes, et prenant leurs positions avant de dessiner un mouvement offensif; les Versaillais résolurent de le prévenir, et le dimanche matin, la lutte s'engagea à Courbevoie d'où les fédérés furent chassés, et à Neuilly, dont les premières barricades furent enlevées; le meurtre d'un chirurgien-major de gendarmerie envoyé en parlementaire avait été le signal du combat. Le soir une grande animation régnait dans Paris; le rappel était battu dans tous les quartiers; des masses considérables de gardes nationaux se portaient vers Neuilly; les chevaux des omnibus étaient dételés et réquisitionnés pour traîner les canons. La Commune faisait placarder une affiche incendiaire dans laquelle elle adressait les plus violentes invectives aux troupes et au gouvernement de Versailles :

« Les conspirateurs royalites ont ATTAQUÉ.

« Malgré la modération de notre attitude, ils ont ATTAQUÉ.

« Ne pouvant plus compter sur l'armée française, ils ont ATTAQUÉ avec les zouaves pontificaux et la police impériale..... Ce matin, les chouans de Charrette, les Vendéens de Cathelineau, les Bretons de Trochu, flanqués des gendarmes de Valentin, ont couvert d'obus le village inoffensif de Neuilly et engagé la guerre civile avec nos gardes nationaux.

« Il y a eu des morts et des blessés.

« Élus par la population de Paris, notre devoir est de défendre la grande cité contre ces coupables aggresseurs. Avec votre aide, nous le défendrons. »

Cette affiche, faite pour exciter la population, était une odieuse provocation à la guerre civile ; elle n'était d'ailleurs que mensonge d'un bout à l'autre, car si les Versaillais avaient attaqué, c'était pour prévenir un mouvement offensif que la Commune préparait depuis deux jours ; ensuite la lutte avait commencé par l'assassinat d'un parlementaire de l'armée régulière. Enfin la Commission exécutive, en terminant par l'affirmation qu'elle allait se tenir sur la défensive, mentait, puisque le lendemain les fédérés allaient marcher sur Versailles et chercher à s'emparer du Mont-Valérien. — Le mouvement des troupes régulières n'avait eu pour objet que de dégager leurs avant-postes serrés de trop près par les fédérés ; aussi Bergeret, parti *lui-même* pour Neuilly, n'eut pas de peine à rétablir les affaires et à constater l'abandon de Courbevoie par les Versaillais. La Commission exécutive vit peut-être dans cette retraite une preuve de faiblesse ou de crainte. Toujours est-il que deux fortes colonnes composées chacune d'au moins vingt mille hommes sortaient de Paris sous les ordres des généraux Flourens et Duval, et se donnèrent rendez-vous en deçà du Mont-Valérien pour opérer leur jonction et marcher sur la capitale du gouvernement légal. Pendant deux jours, la plus complète incertitude régna dans Paris sur l'issue de la lutte engagée témérairement par la Commune, les journaux publiaient des récits de batailles imaginaires, et s'appliquaient à entretenir la confiance et l'ardeur de la population ; ils racontaient des choses étranges ; le général de Failly, si tristement fameux, était à la tête de l'armée de Versailles; les zouaves pontificaux combattaient avec une bannière blanche, les gendarmes avaient chargé les fédérés au cri de : « Vive l'Empereur ! » Toutefois des bruits sinistres circulaient; des gens prétendaient avoir vu des gardes nationaux rentrer dans Paris en pleine déroute; on parlait de la mort de Flourens, d'un épouvantable carnage sous le Mont-Valérien. Mais aucune communication officielle ne venait confirmer ou démentir les nouvellistes de tout genre qui encombraient les boulevards. La Commune semblait être dans l'anxiété; elle redoutait une trahison et prenait toutes les mesures pour s'assurer de la fidélité et du concours de la garde nationale. Quelques jours auparavant Lullier avait été arrêté et mis en prison. Sous quel prétexte? On l'ignore. Plus tard il fut accusé de n'avoir pas su s'emparer du Mont-Valérien et d'avoir ainsi compromis le sort de l'insurrection. Le 5 avril, Lullier s'échappait et déclarait dans une lettre rendue publique défier toute nouvelle arrestation et braver la Commune. Le même jour, c'était le tour d'Assi d'aller en prison; on a parlé de sommes détournées par lui; nous croyons plutôt que ses relations antérieures firent craindre une trahison de sa part. En même temps la Commune décrétait que les familles des gardes nationaux tués à son service étaient adoptées par la patrie; les veuves et les orphelins recevraient une pension. Du reste, la débâcle était connue de tout le monde, et le décret sur les otages ne surprit personne. Les individus soupçonnés d'intelligence avec Versailles devaient être arrêtés et jugés dans les vingt-quatre heures par un jury spécial ; s'ils étaient reconnus coupables, on les envoyait en prison ; pour un fédéré fusillé par les Versaillais, on fusillerait un ou plusieurs otages. Une pareille mesure était l'aveu le plus complet de la défaite, et cependant le même jour des dépêches officielles annonçaient que les fédérés devaient être en vue de Versailles ; le journal de Maroteau disait avoir reçu la nouvelle de la prise du Mont-Valérien. Le 6 seulement la vérité fut connue entièrement.

La colonne de Flourens s'était engagée sur la route stratégique qui est dominée par le Mont-Valérien ; une fois les premiers bataillons passés, la forteresse avait vomi la mitraille sur les fédérés et les avait mis en pleine déroute ; beaucoup avaient été tués. Flourens avait cherché à s'échapper et s'était réfugié avec son aide de camp dans une maison. Poursuivi par un officier de gendarmerie, il avait répondu aux sommations qu'on lui faisait de se rendre par deux coups de revolver ; l'officier lui avait alors fendu la tête d'un coup de sabre. Le sort du général Duval n'avait pas été plus heureux ; arrêté dans sa marche par les troupes du général Vinoy, il avait été bientôt mis en déroute et fait prisonnier. Le général Vinoy lui demanda ce qu'on aurait fait de lui s'il avait été fait prisonnier. Duval prononça son arrêt en répondant : « Je vous aurais fait fusiller. » Il mourut bravement avec ses deux aides de camp. Le général Henri fut pris dans les mêmes circonstances et conduit à Versailles.

Nous ne pouvons mieux raconter les résultats de la grande bataille que la Commune avait voulu livrer à l'armée du gouvernement légal que par ces lignes écrites par Rochefort en tête de son numéro du 7 avril : « Nous voudrions pouvoir mentir, mais nous ne mentirons pas. Nos gardes nationales, en proie à des chefs aussi pleins de courage que d'inexpérience, ont été débusqués de toutes ou presque toutes leurs positions, et ont vu échouer à peu près toutes leurs attaques. Le général Duval, le général Henri ont été faits prisonnniers avec une partie des bataillons qu'ils commandaient et fusillés sans merci. Notre cher et mille fois cher ami Flourens, qui......... a été emporté mort. Depuis trois jours les patriotes les meilleurs et les plus utiles tombent sous les balles des anciens sergents de ville de Pietri, devenus les cent gardes de Thiers, et si l'héroïsme de nos combattants affirme la République, on ne peut nier qu'il la décapite. Voilà la vérité. » Une semblable débâcle ne jeta pas le découragement dans les partisans de la Commune, chacun comprenant qu'à un jeu semblable la vie était en péril et qu'il fallait aller jusqu'au bout, si minces que fussent les chances de succès. On imagina, pour réchauffer le zèle des fédérés, de faire un enterrement triomphal à quelques cadavres de gardes nationaux que l'on avait ramassés sur le champ de bataille. D'énormes catafalques noirs ornés de drapeaux rouges parcoururent les boulevards, accompagnés de plusieurs bataillons et d'une délégation de la Commune; les fanfares jouaient des airs guerrriers et le deuil des parents ajoutait à la douleur un peu théâtrale des assistants. Ce fut le seul spectacle un peu grandiose auquel nous assistâmes dans ces funestes jours. On ne pouvait se défendre d'un sentiment de pitié à la pensée de ces hommes morts au service d'une cause mauvaise, il est vrai, mais qu'ils avaient défendue avec un véritable héroïsme. On ne pouvait que les plaindre d'une erreur qu'ils avaient payée de leur vie.

Nous avons assisté à Versailles à des scènes analogues, mais moins pompeuses; nous avons vu passer devant nos yeux des cortéges moins brillants, mais plus éloquents dans leur simplicité : un cercueil recouvert d'un drap noir et d'une tunique d'officier porté par quelques soldats; un prêtre, souvent même un moine marchant devant; derrière suivaient quelques soldats le fusil renversé; de temps à autre, un roulement de tambour, et c'était tout! On se découvrait involontairement, et ici l'admiration remplaçait la pitié; on comprenait la différence entre le devoir noblement accompli et la bravoure inconsciente et téméraire mise au service des passions déchaînées.

La défaite de la Commune l'isolait de plus en plus du reste de la France; la solitude lui fit peur, et si les départements ne venaient pas à elle, elle s'adressa à eux. La proclamation qu'elle publia à cet effet était à peu près semblable à celle que le Comité central avait fait placarder sur les murs de Paris dans le même but. C'était une accusation en règle du gouvernement de Versailles, et une justification de Paris

que la Commune s'entête à confondre avec elle-
même. Il y est dit que Paris n'aspire qu'à fonder la
République et à conquérir ses franchises communales, heureux de fournir un exemple aux autres
communes de France; que si la Commune de Paris
est sortie du cercle de ses attributions normales, c'est
à son grand regret, c'est pour répondre à l'état de
guerre provoqué par le gouvernement de Versailles.
Les rédacteurs du rapport se renfermaient, comme
on le voit, dans des phrases vagues; les journaux
dévoués ont voulu voir dans cette proclamation un
programme net et défini; nous n'y avons vu que des
mots. Du reste, elle n'eut aucun retentissement, et
la province ne s'intéressa pas plus qu'auparavant à
la victoire de l'insurrection. La Commune, non contente de s'adresser aux départements, eut la singulière idée de notifier son avénement aux puissances
étrangères. Espérait-elle éveiller des sympathies en
sa faveur, ou bien même gagner des alliances? Nous
l'ignorons; mais nous ne pouvons nous empêcher
de trouver bizarre cette notification officielle, comme
dit M. Paschal Grousset, de la constitution d'un
gouvernement communal.

Ainsi, tous les masques sont jetés; la Commune
est bien un gouvernement, et elle rejette loin d'elle
cette appellation de conseil municipal que le Comité central avait semblé un moment avoir eu
l'intention de lui donner; la lutte fratricide était
commencée et continuait avec une vigueur incroyable. Il y eut cependant des gens qui parlèrent de
conciliation; c'est avec ce prétexte que fut fondée

l'Union républicaine pour les droits de Paris; elle adoptait et présentait un programme pour rallier dans une pensée commune l'énorme majorité des citoyens de Paris. Ce programme ressort très-net : « Reconnaissance de la République, reconnaissance du droit de Paris à se gouverner, à régler, par un conseil librement élu et souverain dans la limite de ses attributions, sa police, ses finances, son assistance publique, son enseignement et l'exercice de sa liberté de conscience. La garde de Paris exclusivement confiée à la garde nationale composée de tous les électeurs valides. »

On reproche souvent à la Ligue d'union des droits de Paris d'avoir adopté le programme de la Commune. Non : mais elle a fait la part beaucoup plus belle à Paris qu'à Versailles qu'elle ne nomme pas une fois dans son manifeste. Son esprit et ses tendances sont d'ailleurs faciles à saisir d'après ses adhérents; trois de ses principaux instigateurs sont des députés démissionnaires : Clémenceau, Lockroy et Ch. Floquet. Il est donc évident que ces hommes n'ont aucune sympathie pour l'Assemblée qu'ils ont désertée; ce qu'ils veulent, c'est l'établissement d'une commune *légale ;* ils repoussent et condamnent celle qui existe, mais ils aspirent à la remplacer avec l'assentiment de la France. Que faut-il donc penser d'une tentative de conciliation semblable? Nous ne pouvons y voir qu'une dérision; la Ligue d'ailleurs sera condamnée par les faits le jour même de sa formation. La Commune lui laisse sa liberté d'action et elle empêche une réunion qui devait se tenir place de la Bourse pour essayer, elle aussi, une conciliation. Les motifs de l'interdiction sont très-curieux : « La réaction prend tous les masques ; aujourd'hui, c'est celui de la conciliation... La conciliation, dans de telles circonstances, c'est trahison. » Qu'en pense la Ligue d'union des droits de Paris, et pourquoi n'est-elle pas considérée comme traître par la Commune ?

Cependant la lutte continuait entre l'armée de Versailles et les fédérés rejetés sur leurs positions primitives. C'est un combat perpétuel d'artillerie où les pertes ne sont énormes ni d'un côté ni de l'autre ; à peine les tirailleurs échangent-ils entre eux quelques coups de fusil ; c'est presque un combat d'amateurs ; un reporter raconte qu'à la gare de Clamart il a trouvé Lissagaray, Abel Peyrouton et Gustave Sauger qui échangeaient des coups de chassepot avec les gendarmes embusqués dans les vignes (*Mot d'Ordre* du 8 avril). C'est presque un plaisir que s'offrent ces messieurs ; le reporter n'a pas assez de louanges pour eux.

Mais la guerre fratricide ne devait pas rester longtemps un jeu ; chaque jour, elle augmentait d'intensité. Les fédérés avaient l'avantage de positions que les Prussiens n'avaient pu emporter ; mais leurs chefs étaient incapables, et les soldats eux-mêmes, malgré une certaine bravoure, étaient, comme science et comme discipline, bien inférieurs à l'armée régulière. Cluseret comprit la situation et résolut d'y apporter tous les remèdes qui seraient en son pouvoir ; il s'agissait d'abord d'assurer son autorité et d'éviter les compétitions nombreuses plus funestes à une armée en campagne qu'une défaite même.

Il commença par faire arrêter Bergeret dont le zèle maladroit et prétentieux avait compromis Neuilly ; il le fait remplacer par Dombrowski, plus versé dans les choses de la guerre, et que le sort de son prédécesseur devait avertir de se tenir dans la limite de ses attributions. En même temps, la suppression des sous-comités d'arrondissement est prononcée ; dans un ordre du jour, Cluseret s'élève contre l'abus des galons et des dorures. Il interdit la nomination de nouveaux généraux et défend de battre le rappel sans ordre de la place ; il veut aller plus loin et soumettre le Comité central qui s'était érigé en conseil supérieur et aspirait à prendre la direction des affaires militaires ; ses tentatives ne se traduisirent guère par des actes. On trouve cependant un arrêté signé de lui dans lequel le mode de recrutement du Comité central est déterminé. C'était beaucoup d'audace de sa part de s'immiscer dans la constitution de ce terrible Comité qui avait été le promoteur de l'insurrection ; il en résulta une sourde animosité contre lui qui finira par éclater et le renverser. Cependant son autorité semble bien définitivement établie ; tout s'efface devant lui, la Commune, le Comité central et la Commission exécutive ; il est presque dictateur.

Il est l'instigateur du décret sur les pensions accordées aux veuves et aux enfants des gardes nationaux tués en combattant ; la femme reçoit une pension de 600 francs, les enfants de 375 francs jusqu'à dix-huit ans. Les ascendants que le défunt soutenait ont droit, suivant les circonstances, à une pension de 100 à 800 francs. Quant aux orphelins, qu'ils soient légitimes ou naturels, la Commune les prend à sa charge et les élève. En dernier lieu, la Commission exécutive donne ordre aux délégués aux mairies de ne faire aucune distinction entre les femmes légitimes et les femmes dites illégitimes vivant maritalement, quant à l'indemnité allouée à la garde nationale. Par cette double mesure, la Commune s'assurait le dévouement d'une classe nombreuse d'individus qui vivent en dehors des lois de la société; on excitait l'ardeur d'un grand nombre de personnes que le désordre et l'insurrection avaient séduites, mais que l'espoir d'une pension devait conduire au plus fol égarement. La Commune payait et récompensait largement le zèle de ses défenseurs; par toutes ces mesures, elle s'était rendue maîtresse absolue des faubourgs. Les élections complémentaires approchant, elle voulut aussi faire quelque chose pour la petite bourgeoisie; aussi elle décrète que toutes poursuites pour échéances sont suspendues jusqu'au jour où paraîtra au *Journal officiel* le décret sur les échéances.

La paix ainsi assurée à l'intérieur, il était loisible à la Commune et à Cluseret de porter toute leur attention sur les opérations militaires. La bataille était acharnée à Courbevoie et à Neuilly; c'était une lutte sauvage, et souvent un combat corps à corps. Courbevoie était trop près du Mont-Valérien pour que les fédérés pussent s'y maintenir longtemps. Ils en furent chassés bien vite, et le pont de Neuilly resta même au pouvoir des Versaillais ; mais il était bien autrement difficile de s'emparer du village dont toutes les maisons étaient crénelées et qui était défendu par de nombreuses barricades. La lutte y prit un caractère particulier ; on se battait, sans que pour cela un soldat de l'une ou l'autre armée parût sur l'avenue balayée d'un côté par la batterie installée au rond point de Courbevoie, et de l'autre par le bastion de la porte Maillot ; chaque maison était une forteresse dont il fallait s'emparer en passant par les jardins et en défonçant les murs de clôture. Aussi la lutte était-elle féconde en alternatives, et il eût été difficile de préciser de quel côté penchait la victoire. A Paris, on était assommé des bulletins de victoire du général Dombroswki ; tous les jours on apprenait qu'il était maître de tout Neuilly ; le lendemain il était à cent mètres du pont de Neuilly ; puis on lisait avec étonnement une dépêche où il disait avoir en sa possession les trois quarts de Neuilly ; dans quelques heures, il allait être à Courbevoie. Tous les jours, c'était nouvelles semblables, absurdes et contradictoires. Le matin Dombroswki télégraphie « à guerre et à exécutive » que Neuilly est entièrement en son pouvoir ; le soir, on reçoit une dépêche de son chef d'état-major Henri : « Nous sommes en possession de la plus grande partie de Neuilly, nous faisons un siége en règle. L'un après l'autre chaque jardin tombe en notre pouvoir. J'espère ce soir être sur le pont de Neuilly. » Cependant, il faut le dire, si les fédérés ne faisaient pas beaucoup de progrès, l'armée régulière n'avançait pas non plus; ce siége sans cesse renouvelé de maison en maison lassait le soldat, et faisait faire aux troupes des pertes énormes pour de minces résultats. La prise de Neuilly n'était possible qu'après l'extinction des feux de la batterie de la porte Maillot; aussi tous les efforts du Mont-Valérien et de la batterie de Courbevoie se portaient contre les remparts. Les fédérés ne voulurent pas rester en retour, et Cluseret fit établir au Trocadéro une batterie de pièces de 24 pour bombarder le Mont-Valérien. Tentative ridicule! Sur soixante coups tirés du Trocadéro, pas un seul ne porte, et les projectiles tombent sur les villages avoisinants; aussi dut-on bientôt renoncer à faire taire la terrible forteresse. D'un autre côté, la bataille s'étendait et prenait des proportions considérables. Les fédérés n'étaient pas encore corrigés par leur première défaite, et voulurent prendre l'offensive; ils furent vivement repoussés de Meudon et de Billancourt où ils auraient voulu s'installer. D'ailleurs, les Versaillais ne furent pas beaucoup plus heureux, lorsqu'ils tentèrent à leur tour de s'emparer des positions occupées par les gardes nationaux. La lutte s'engagea à Asnières, à Levallois et à Champerret; ce fut encore pour les fédérés l'occasion d'annoncer de nouvelles victoires. Ce qu'il y a de certain, c'est qu'ils s'établirent à Asnières et qu'ils y tinrent leurs adversaires longtemps en échec. Il n'y eut pas d'ailleurs de combat bien important; c'est en vain que Dombroswki fit grand bruit d'un mouvement tournant qu'il avait opéré. Il était, disait on, parvenu à cerner plusieurs milliers de soldats dans l'île de la Grande-Jatte. Cette nouvelle, habilement colportée, défraya les journaux pendant huit jours, sans que jamais on pût indiquer l'issue du combat, ni la prise des gendarmes traqués dans cette fameuse île. Il faut croire que les prisonniers parvinrent à s'échapper, ou que le mouvement tournant n'avait été qu'une fable inventée à plaisir, car la lutte dans ces parages ne prit pas le même caractère de gravité que du côté Sud de Paris. L'armée régulière n'avait pas encore pris pour objectifs les forts d'Issy et de Vanves; mais elle n'en commençait pas moins une série de mouvements dans le but d'opérer l'investissement des deux forts; en même temps, elle établissait sur les hauteurs, à Châtillon entre autres, une série de batteries destinées à les bombarder. C'est ce qui explique l'épouvantable vacarme dont Paris ne cessa de retentir depuis ce moment. Tous les soirs, c'était un duel d'artillerie à grand fracas entre les fédérés établis à Issy et à Vanves et les Versaillais tirant à outrance pour protéger et cacher les mouvements de troupes.

Les rapports militaires adressés à la Commune constataient chaque jour une attaque contre l'un des deux forts, attaque toujours victorieusement repoussée avec des pertes énormes pour les assaillants. C'est ainsi que l'on nous annonçait qu'en une nuit les fédérés, défenseurs du fort d'Issy, avaient brûlé cent soixante mille cartouches. A voir l'assurance de ces gens, on aurait fini par croire à de véritables attaques; malheureusement ce n'étaient que des visions grossies par les ombres de la nuit; l'offensive des Versaillais consistait en une série de reconnaissances aux Moulineaux et au Moulin-de-Pierre, reconnaissances qui, aux yeux des fédérés, prenaient des proportions considérables, et s'attiraient ainsi des grêles d'obus et de balles employés en pure perte.

D'ailleurs, toutes ces victoires n'empêchaient pas les alertes et les paniques. Un jour on annonce que l'armée a franchi la porte Maillot; le lendemain, c'est le fort de Montrouge qui est en danger; le rappel et la générale sont battus dans les quartiers. Les gardes nationaux partent en grand nombre pour soutenir les défenses extérieures; ils trouvent tout parfaitement calme, mais on ne les laisse pas revenir, et ils servent de renfort aux bataillons déjà engagés. Comme on le voit, la lutte s'était étendue sur une grande moitié de l'enceinte de Paris; le Nord et l'Est étaient entre les mains des Prussiens, mais des bruits très-graves circulaient. Le gouvernement de Versailles avait payé une partie de l'indemnité de guerre aux Prussiens; en revanche ces derniers allaient quitter les forts qu'ils occupaient et les remettre au maréchal Mac-Mahon. Si cela était vrai, l'investissement de la capitale était complet, et l'insurrection allait être forcément comprimée. La Commune fit une démarche qui semblerait extraordinaire, s'il n'y avait pas eu des rapports antérieurs entre elle et l'état-major prussien; elle envoya au quartier général de Saint-Denis une députation pour savoir si Versailles avait payé une partie de l'indemnité et pour demander la remise des forts du Nord. C'eût été trop compromettant pour la Prusse aux yeux de l'Europe d'entrer en relations officielles avec le gouvernement insurrectionnel ; il n'y eut donc pas de réponse, et la démarche fut divulguée.

La Commune ne se rebuta pas, et quelques jours après, neuf délégués partaient pour Saint-Denis. Cette fois on les fit arrêter ; mais nous ne savons pas qu'ils aient été livrés au gouvernement de Versailles.

De ce côté, il n'y avait rien à faire, on tenta une fois encore de la conciliation. La Ligue d'union républicaine des droits de Paris envoya trois de ses membres à Versailles, pour présenter son programme à M. Thiers et insister pour un arrangement. Des députés de Paris leur avaient répondu à l'avance par une déclaration adressée à la population ; ils disaient que la République existait de fait, et qu'elle comptait de nombreux défenseurs aux sein de l'Assemblée nationale ; d'ailleurs, ils repoussaient l'autonomie de la Commune comme dangereuse et destructive de l'unité nationale, ils affirmaient leur confiance en M. Thiers, et terminaient en disant que la véritable souveraineté résidait dans les représentants de la nation. Cette doctrine ne pouvait convenir aux insurgés du 18 mars ; aussi la repoussèrent-ils avec indignation. Le chef du pouvoir exécutif ne pouvait faire aux délégués de l'union républicaine une autre déclaration que celle des députés de Paris ; il est inutile de dire que les négociations n'aboutirent pas. Toutefois, les conciliateurs ne devaient pas se rebuter pour si peu. De prétendus délégués des loges maçonniques tentèrent une seconde démarche auprès de M. Thiers; ils demandaient à peu près la reconnaissance de la Commune. Comme les autres, ils furent éconduits.

Rentrés à Paris, ils témoignèrent de leurs sentiments de paix et d'apaisement par une protestation contre le bombardement de la porte Maillot. Tels sont les seuls événements remarquables qui se passèrent dans la première quinzaine d'avril; la Commune incomplète et désagrégée avait remis ses pouvoirs à une commission exécutive de cinq membres et au général Cluseret.

Pour régulariser la situation, il fallait procéder à de nouvelles élections; ajournées une première fois, elles furent définitivement fixées au 16 avril. On commençait en effet à murmurer contre la dictature de certains hommes, et on aspirait au moment où des nouveaux éléments viendraient modifier l'esprit de la Commune. Une lutte assez vive venait de s'engager entre Félix Pyat et Rochefort au sujet de la liberté de la presse; le nouveau gouvernement avait supprimé autocratiquement sept journaux, les arrestations se multipliaient, et la liberté individuelle n'avait aucune garantie; on ne se contentait plus d'emprisonner des ecclésiastiques et des sergents de ville, M. Lucien Dubois, inspecteur des halles et marchés, était enfermé à la Conciergerie. Le contre-maître d'un M. Durand, corroyeur, était enlevé de son usine pour avoir fait travailler des ouvriers au lieu de leur avoir laissé faire le service de la garde

6

nationale. Le docteur Morel, qui avait déposé en faveur de Pierre Bonaparte, était arrêté à Auteuil. Sur la dénonciation d'Eugène Vermesch, rédacteur en chef du *Père Duchêne*, M. Gustave Chaudey était enlevé à sa famille et à ses amis. Beaucoup d'autres eurent le même sort, et la terreur commença à régner dans Paris. La Commune était entrée dans la voie funeste où elle ne devait que trop persévérer. Déjà, la démolition de la colonne Vendôme était proposée; l'hôtel de M. Thiers était envahi, et les scellés apposés sur tout ce qui s'y trouvait. Examinons maintenant de quels éléments la Commune va s'enrichir et quelle est la valeur de ces nouvelles élections.

Les électeurs avaient vu la Commune à l'œuvre; ils étaient fixés sur la valeur de l'institution qu'on leur proposait comme nouvelle forme de gouvernement; cette fois, l'hésitation n'était plus possible, non plus que la confusion avec le conseil municipal. Les insurgés répétaient depuis le 26 mars qu'ils avaient deux armes à leur disposition, le fusil et le bulletin de vote. Sous le rapport militaire, leurs débuts n'avaient pas été heureux, et la défaite qu'ils avaient essuyée sous les fossés du Mont-Valérien aurait dû leur servir de leçon. Le bulletin de vote les avait aidés, tant bien que mal, à se constituer; mais on va lui demander une sanction nouvelle, un complément à la Commune désorganisée. Jamais réponse ne fut plus décisive; aucun scrutin ne représenta plus fidèlement les opinions de la population. A la Commune qui demande une sorte de consécration, les électeurs répondent en s'abstenant, et témoignent ainsi, non pas de leur attachement pour l'Assemblée, mais de la répulsion que leur inspirent les hommes et les actes de l'insurrection. Le résultat fut foudroyant, et cet échec moral fut pour beaucoup l'indice d'un échec matériel qui entraînerait la Commune et ses défenseurs. Voici le tableau comparatif du nombre d'électeurs qui se rendirent au scrutin en mars et en avril; les chiffres sont ceux de l'*Officiel* de Paris :

	VOTANTS au 26 mars.	VOTANTS au 16 avril.
1er arrondissement.	11,056	3,271
2e —	11,143	3,498
3e —	9,000	5,017
6e —	9,499	3,462
7e —	5,065	1,939
8e —	4,396	1,130
9e —	10,349	3,176
12e —	11,329	2,968
16e —	3,732	1,317
17e —	11,394	3,450
19e —	11,282	7,053
20e —	11,000	9,173

Ainsi, dans douze arrondissements, cent dix mille deux cent soixante-six électeurs avaient pris part au vote le 26 mars; en avril il ne s'en trouva plus que quarante-cinq mille quatre cent cinquante-quatre ; près de soixante-cinq mille électeurs ont refusé à la Commune cette arme dont elle se faisait si forte, le bulletin de vote. Comment expliquer une semblable abstention, si ce n'est par la réprobation générale dont la Commune était l'objet? En vain les journaux dévoués arguèrent de l'émigration et du nombre de personnes qui avaient quitté Paris depuis un mois ; un exemple démontrera combien cet argument est insuffisant. Le 26 mars, les quatre candidats du Comité central, dans le 2e arrondissement, avaient obtenu quatorze mille six cent soixante et une voix, avec lesquelles ils avaient échoué; en avril, ils réussissent avec douze mille cent soixante-quinze voix. Il est donc évident que, dans cet arrondissement seul, plus de deux mille individus avaient abandonné la cause de la Commune. C'est ici qu'une explication est nécessaire; mais avec toute la mauvaise foi possible il aurait été difficile d'en donner une plausible.

La Commune prit néanmoins son parti bravement; elle se contenta de considérer comme nulles certaines élections où le candidat n'avait qu'un nombre ridicule de voix. Pour les autres, elle suivit, malgré de nombreuses protestations, la même voie qu'au 26 mars, elle punit les abstentionnistes en admettant dans son sein les hommes pour lesquels ils n'avaient pas voulu voter; Rochefort lui-même tint ce langage singulier : « Paris consulté n'a pas daigné répondre à la question qui lui était posée; il autorise donc la dictature. » Curieuse inconséquence! C'étaient les hommes qui, lors du plébiscite impérial, avaient conseillé l'abstention, qui refusaient de voir dans cette même abstention une protestation contre l'insurrection qui s'était imposée à Paris ! Enfin, ces nouveaux élus furent accueillis, non sans quelques protestations, et furent appelés à collaborer à l'œuvre sanglante de la Commune ; leur entrée ne changea rien au système politique en vigueur ; il n'y avait plus désormais que les armes pour venir à bout des insurgés.

Ce n'est pas que dans l'intérieur même de Paris toute opposition eût disparu ; les vainqueurs en arrivèrent à se combattre eux-mêmes ; des discussions très-violentes s'élevèrent à propos des élections ; Rogeard déclara ne pas se soumettre à la décision de la Commuue qui admettait les candidats élus avec un nombre de voix inférieur au huitième des électeurs inscrits. Rochefort et Vésinier entreprirent une polémique fort peu courtoise à ce sujet ; le premier reprochait au second son imbécillité physique et morale et sa collaboration au *Figaro* et à *l'Étendard* ; Vésinier appelait son confrère séide de Villemessant et l'accusait d'avoir émargé aux fonds secrets. Félix Pyat lui-même se rangeait de l'avis de la minorité ; il menaçait de donner sa démission si on ne respectait pas davantage le suffrage universel. D'un autre côté, les journalistes dictateurs qui avaient protesté contre la façon dont le général Vinoy avait supprimé leurs feuilles, se conduisirent de la même façon envers *le Soir*, *le Bien public*, *l'Opinion nationale* et *la Cloche* ; c'était manifester pour la population un trop grand mépris que de se jouer si audacieusement de la conscience publique ; des scènes tumultueuses s'ensuivirent, et les journaux supprimés furent avidement recherchés. Le scandale ne s'arrêta pas là : un ancien dessinateur devenu commissaire de police, Pilotell, se livrait, sous le couvert de ses nouvelles fonctions, à des exactions inouïes ; il aimait à présider aux arrestations et mettait un grand zèle à poursuivre tous ceux que voulait atteindre son farouche ami Raoul Rigault. Malheureusement, ce zèle n'était pas désintéressé : s'il arrêtait les gens, il s'emparait aussi de leurs caisses; c'est ainsi qu'il emmena prisonnier Gustave Chaudey, en ayant soin de prendre quelques centaines de francs qui se trouvaient dans son secrétaire; de même pour Polo, le directeur du journal *l'Éclipse*, auquel il avait collaboré en qualité de dessinateur. En dernier lieu, il se rendit au siége de la Compagnie du Gaz, dont il enleva la caisse. C'était par trop d'impudence, et l'opinion s'émut de toutes ces rapines. Raoul Rigault serait peut-être resté impassible, mais la Compagnie menaça de supprimer le gaz dans tout Paris : il fallut céder et restituer les sommes volées. Quant à Pilotell, il ne fut pas autrement inquiété.

La Commune avait encore d'autres embarras à surmonter : on se plaignait vivement de l'interruption de tous les services publics, et à chaque instant il fallait y suppléer. Ainsi, l'on se vit contraint de créer des offices de notaires et d'huissiers; d'un autre côté, on avait peur d'une trahison à l'intérieur; la Commission fit désarmer les bataillons appartenant aux 1er et 6e arrondissements.

Comme on le voit, la situation de la Commune

était loin de s'améliorer; néanmoins elle se débattait entre les mille difficultés qu'elle rencontrait à chaque pas ; non contente de se défendre, elle attaquait à son tour. La Commission exécutive ordonna la publication des papiers du gouvernement du 4 septembre ; mais cette menace resta sans effet : elle semblait promettre un scandale, et elle ne sut ou ne put rien trouver; elle n'osa pas avoir recours à l'invention et à la calomnie, comme les royalistes devaient le faire plus tard. Pour faire pièce au gouvernement de Versailles, la Commune s'investit du pouvoir exécutif, et le confia à titre provisoire aux délégués des neuf commissions, entre lesquelles elle avait réparti les travaux et les attributions administratives. En dernier lieu, elle voulut, une fois encore, essayer de sortir de son isolement, et elle adressa à la France une déclaration solennelle, sorte de programme social et politique qui ne devait pas faire plus de sensation que le premier. Voici les passages les plus curieux :

« Que *veut* Paris ? — La reconnaissance et la consolidation de la République..... l'autonomie absolue de la commune *étendue à toutes les localités de la France*..... L'autonomie de la commune n'aura pour limite que le droit d'autonomie égal pour toutes les autres communes *adhérentes au contrat* dont l'association doit assurer l'unité française...... Paris ne veut rien de plus à titre de garanties locales, *à condition, bien entendu*, de retrouver dans la grande administration centrale, délégation des communes fédérées, la réalisation et la pratique des *mêmes* principes..... La lutte engagée entre Paris et Versailles est de celles qui ne peuvent se terminer par des compromis illusoires..... Appelée à bénéficier de nos conquêtes, que la France se déclare solidaire de nos efforts ; qu'elle soit notre alliée dans ce combat qui ne peut finir que par le triomphe de l'idée communale ou *par la ruine de Paris.* »

1 Nous aurons à revenir plus tard sur les idées poitiques contenues dans ce manifeste ; remarquons seulement la sinistre prédiction qui le termine et à laquelle on ne fit guère attention : « La lutte ne se terminera que par notre triomphe ou par la ruine de Paris. » Et l'on voudrait aujourd'hui nous faire croire que la destruction de la capitale n'était pas une idée arrêtée dans l'esprit des chefs de l'insurrection ! On nous dit que le pétrole est étranger aux incendies, et l'on accuse les obus versaillais, comme si l'intention criminelle n'était pas manifeste ! Nous trouverons d'ailleurs dans la suite de ce récit d'autres preuves de la scélératesse des dictateurs parisiens.

Cette lutte toute courtoise avec l'Assemblée n'empêchait pas la Commune de veiller aux opérations militaires, et de préparer par tous les moyens le succès de ses armes ; elle s'efforçait de plus en plus de gagner la population et de l'attacher définitivement à sa cause. Dans ce but, on décréta que les gardes nationaux blessés recevraient néanmoins leur paye ; seulement, les deux tiers étaient réservés à la femme, et le fédéré ne touchait que cinquante centimes. En même temps parut la loi sur les échéances ; elle portait que : « Le remboursement des dettes de toute nature souscrites jusqu'à ce jour et portant échéance....., sera effectué dans un délai de trois années, à partir du 15 juillet prochain, et sans que ces dettes portent intérêt. » Ce décret sur les échéances fut le seul acte important de cette période ; s'il était conçu dans un esprit plus modéré que celui sur les loyers, c'est que les intérêts des classes bourgeoises étaient beaucoup moins chers à la Commune, et que l'on jugeait impossible de les rallier à la cause insurrectionnelle. Tout en se préparant à la lutte, on ne négligeait pas les négociations ; des délégués des conseils municipaux de Lyon et de Saint-Omer allaient de Versailles à Paris, cherchant à conclure un arrangement, que les deux partis regardaient comme impossible. La Ligue d'union de Paris et les délégués des loges maçonniques adressaient déclarations sur déclarations. Las d'avoir à traiter avec la Commune et avec l'Assemblée, ils voulaient faire un appel à la France entière, pour la décider à intervenir entre les belligérants ; elle se servirait, comme intermédiaires, des conseils municipaux. Mais un objet plus pressant appelait les soins des conciliateurs ; les malheureuses populations qui habitaient sur les lieux où la bataille se livrait, étaient impitoyablement bombardées par les deux partis. A Neuilly, à Asnières, à Clichy, à Levallois, c'était un véritable déluge de projectiles ; les caves devenaient souvent le tombeau de ceux qui y cherchaient une retraite ; un armistice était devenu nécessaire pour permettre à tous ces misérables de quitter leurs maisons, devenues de véritables nids à bombes. La Ligue d'union se chargea de le négocier; une question de forme sembla un moment devoir en empêcher l'exécution. Le maréchal Mac-Mahon ne reconnaissait pas, avec juste raison, la qualité de belligérants aux insurgés; aussi ne voulait-il pas arborer le drapeau parlementaire le premier; la Commune dut céder. — Reportons-nous maintenant au théâtre de la lutte. Dans une période de huit jours, elle prit un nouvel aspect : les Versaillais ne se tenaient plus seulement sur la défensive; à leur tour, ils se faisaient aggresseurs; s'ils n'attaquaient pas les forts à la baïonnette, comme les fédérés auraient voulu le faire croire, ils s'efforçaient de prendre les positions qui devaient leur permettre de bombarder efficacement les défenses de la capitale. La Commune n'en triomphait pas moins avec la même impudence, et trouvait moyen de convertir ses défaites en victoires. La veille des élections complémentaires, elle annonça de grands succès du côté des forts du Sud : l'armée régulière avait tenté, à cinq reprises, l'assaut des forts de Vanves et d'Issy; cinq fois elle avait été repoussée avec des pertes énormes; on faisait surtout grand bruit de la belle défense du fort d'Issy, devant lequel les troupes régulières avaient laissé quinze cents des leurs. Mais il paraît que ce beau succès était un mensonge, car le commandant Ledrut, du fort de Vanves, envoya cette rectification au délégué à la guerre : « Je vous prie, général, de faire constater dans les rapports que ce n'est pas le fort d'Issy qui est attaqué chaque jour, comme on le croit à Paris. Depuis cinq jours, des attaques sans nombre ont été dirigées contre le fort de Vanves. Les troupes, placées sous mon commandement, réclament cette rectification, qui est une juste récompense des services qu'elles ont rendus à la grande cause que... »

Il est fort probable que les défenseurs d'Issy avaient la même rectification au service de ceux de Vanves; mais Cluseret était un homme habile, et il eut soin de faire cesser ces compétitions. D'ailleurs, s'il aimait à constater des victoires qu'il n'avait pas remportées, il savait en déplorer les conséquences; aux yeux des gens perspicaces, l'ordre du jour qu'on va lire aurait dû révéler l'inanité des rapports militaires publiés par la Commune :

« Il se fait dans les forts une consommation énorme de projectiles : seize mille à Vanves seulement. Outre l'inconvénient de brûler *inutilement* de la poudre, de dépenser en *pure perte* l'argent du peuple et de faire naître l'inquiétude dans les esprits, cette pratique prouve plus d'entraînement que de sang-froid. »

Il est à remarquer que le commandant Ledrut n'envoya aucune rectification au sujet de cet ordre du jour. Du reste, les gardes nationaux n'étaient pas les soldats calmes et valeureux que les journaux nous montraient chaque jour, allant au feu avec enthousiasme et tenant devant la mitraille avec une froide impassibilité. Comme Cluseret nous l'a dit, ils se laissent facilement entraîner, et c'est dans la boisson qu'ils puisent leur valeur. Voici, à cet égard, un ordre du jour assez curieux adressé au 69e bataillon :

« Le commandant, persuadé que les citoyens du bataillon tiendront à honneur de conserver toute leur dignité, se montrera très-sévère pour ceux qui, agissant en mauvais citoyens, se permettraient de l'oublier dans leur verre. »

D'ailleurs, officiers et soldats ne montrent pas toujours une grande ardeur pour faire le service des tranchées ou bien aller au feu. Témoin le 163e bataillon ; après être resté cinq jours au fort de Vanves, il refuse au fameux commandant Ledrut de continuer son service ; les officiers délibèrent, et trouvant que les réclamations de leurs hommes étaient fondées, ils s'en vont prendre du repos à Paris.

Telle est l'armée dont on a fait si grand éloge ; chaque jour, les journaux répétaient : « Que n'aurait-on pas fait avec de pareils soldats pendant le siége ? » Aujourd'hui, la réponse est facile à donner : « On aurait ouvert les portes aux Prussiens deux mois plus tôt ! » Cependant, les forts de Vanves et d'Issy résistaient si victorieusement aux attaques dont ils étaient l'objet, que le fort de Montrouge voulut à son tour jouir de la gloire qui semblait réservée à ses voisins ; il télégraphia à « Guerre et à Exécutive » que de fortes patrouilles de cavalerie étaient en vue, et que ses obus *travaillaient* les Versaillais ; il prétendit même qu'une nuit on avait essayé de lui donner l'assaut ; mais personne n'y crut. On est effrayé de l'audace de ces gens, qui proclament à tant de reprises des victoires qu'ils n'ont pas remportées; on se surprend même quelquefois à se demander s'ils n'étaient pas de bonne foi. Que penser, en effet, d'une dépêche semblable :

« Vanves, minuit 15.

« Les Versaillais sont à Charenton. »

Mentent-ils véritablement, ou bien a-t-on affaire à des hallucinés? Lorsque la nuit arrive, une sorte de délire semble s'emparer d'eux; ils courent à leurs pièces et font feu de toutes parts; ils déchargent leurs fusils et se précipitent aux tranchées; ils voient des milliers d'hommes qui s'avancent, menaçants, qui reculent et qui reviennent à la charge. Lorsque le jour est arrivé, leur esprit se rassure, et ne voyant plus personne, ils inscrivent une nouvelle victoire sur leurs bulletins et supputent le nombre des morts par le nombre de coups fusils qu'ils ont tirés. A l'heure de minuit, les imaginations vont encore plus vite, et de Vanves ils signalent des pantalons rouges ou des collets jaunes dans Charenton! Mais ils mentent souvent, et avec la conscience de mentir; un jour, ils annoncent qu'ils sont à peu près maîtres du pont de Courbevoie, comme s'il y avait deux manières d'être maîtres d'une chose; le lendemain, Cluseret dit dans son rapport :

« Nuit calme, excepté à Neuilly, où le général Dombrowski continue d'avancer pied à pied. Deux drapeaux, dont l'un pontifical, sont tombés entre nos mains, ainsi qu'un guidon abandonné dans l'île de la Grande-Jatte. L'ennemi a fait un mouvement sur notre droite et semble menacer Asnières; la quantité de gabions qu'il a emportés indique qu'il est loin d'être rassuré. La brèche au Mont-Valérien est déjà très-appréciable. »

Il est, croyons-nous, impossible de fausser la vérité avec plus d'impudence. N'est-ce pas trop naïf de la part d'un général de chercher à faire croire qu'il a fait brèche à la terrible forteresse, que ses projectiles ont atteinte une seule fois. Delescluze lui-même avoua, dans son journal, que le délégué à la guerre avait un peu exagéré les choses, et que le dommage fait au Mont-Valérien consistait en une toiture effondrée. D'ailleurs, les fédérés étaient loin du pont de Courbevoie, et les Versaillais s'étaient avancés jusqu'à la rue Peyronnet.

Quant au mouvement sur Asnières, il aboutit à la prise de toute la rive gauche de la Seine par la division Montaudon; le château de Bécon fut emporté et armé d'une batterie qui rendit la rive droite intenable aux gardes nationaux. Ce succès très-important ne fut pas avoué sur-le-champ par la Commune; elle annonça, au contraire, que Dombrowski avait rétabli les choses dans leur état primitif.

Du reste, nous ne pouvons mieux résumer la situation qu'en rapportant une note perfidement publiée dans *le Mot d'Ordre* et attribuée à un garde national fédéré :

« Depuis plusieurs jours, je suis aux avant-postes; nous nous battons presque continuellement, malheureusement sans résultats bien appréciables. Nos généraux laissent prendre aux troupes de Versailles toutes les positions importantes sans s'en douter ou sans pouvoir l'empêcher. Dans peu de jours nous serons complétement enfermés entre la Seine et les remparts de Paris. Donc plus de champ de bataille de ce côté, plus de sortie possible.

« Du côté du Sud, les anciennes batteries prussiennes, aujourd'hui versaillaises, limitent l'action des forts et le déplacement de forces; c'est un véritable blocus. La garde nationale semble destinée à ne pouvoir exécuter que des plans Trochu. Ce que font les généraux de la Commune aujourd'hui servirait-il à prouver qu'il était impossible de faire une trouée au temps des Prussiens? »

Si cette prétendue lettre était l'expression de la vérité sur la situation militaire au milieu d'avril, elle s'applique bien mieux encore aux événements qui marquèrent la fin du mois. La bataille prend une vigueur extraordinaire; les fédérés font les plus grands efforts pour ne pas se laisser acculer à la Seine et aux remparts. C'est en vain que les généraux de la Commune s'attribuent victoires sur victoires à Neuilly, à Asnières et à Issy; leurs rapports se contredisent, et font jour, malgré eux, à la vérité. Ainsi, il devient constant que Dombrowski n'est pas plus maître de Neuilly que d'Asnières qu'il ordonne de bombarder. De même à Issy : s'il a vu un grand combat de mousqueterie entre les Versaillais, combat qui a duré trois quarts d'heure, s'il annonce que l'ennemi a été vigoureusement repoussé des Moulineaux, il est contraint à des aveux bien pénibles : le mur du cimetière d'Issy a été démoli par les boulets, et les gardes nationaux ont été obligés d'évacuer cette importante position; aux Moulineaux, ils ont abandonné les barricades. Malgré cela, il n'est parlé dans les rapports adressés à la Commission exécutive que de combats violents et de succès brillants. L'artillerie de la Commune, dit-on, continue à démonter les batteries versaillaises; celles-ci cependant font rage et couvrent de projectiles Vanves, Montrouge et Issy. Dans ce dernier fort, le 9e bataillon est à peu près détruit; le nombre des blessés augmente tous les jours; la situation est désespérée.

D'ailleurs les symptômes deviennent de plus en plus graves; le découragement entre malgré tout dans l'âme des défenseurs de la Commune; nous avons déjà vu un bataillon refuser le service et quitter le fort de Vanves pour rentrer dans Paris; la désertion va devenir plus nombreuse; pour en être convaincu, il suffit de lire la déposition du chef délégué de l'état-major du général Dombrowski dans l'affaire dite du 105e bataillon :

« Dans la nuit du 13 au 14 le général avait donné l'ordre de lui envoyer comme renfort toute la 7e légion, composée de vingt-huit bataillons, et la plus nombreuse de Paris. Avec ce renfort, on pouvait composer une colonne forte de 10,000 hommes ou tout au moins de 5,000. Ces forces sur lesquelles comptait le commandant en chef pour prendre l'offensive se sont réduites à *quarante* hommes, et le mouvement n'a pas eu lieu. »

Il fallait à toute force remédier à un tel état de

choses et ranimer la confiance des fédérés ; tous les moyens furent bons. On ne compta pas beaucoup sur les réformes administratives de Cluseret, qui eussent été décisives à une autre époque, mais insignifiantes dans un tel moment où il aurait fallu réorganiser et non corriger. Il arrêta que les officiers ne pourraient être cassés que par un jugement ; c'était empêcher les fédérés de se livrer sans cesse à de nouvelles élections, qui laissaient presque continuellement le bataillon sans commandant. En second lieu, il supprima le service de l'intendance, après avoir fait arrêter les frères May soupçonnés de soustractions nombreuses ; il le remplaça par un service divisionnaire au ministère de la guerre. Enfin, il créa deux grands commandements militaires ; le premier allant de Saint-Ouen au Point-du-Jour fut confié à Dombrowski ; le deuxième, du Point-du-Jour à Bercy, échut en partage au général Wroblewski ; à cette division générale correspondaient des subdivisions.

La Commune venant en aide à Cluseret, fit un effort pour lui assurer la haute main dans les affaires militaires et empêcher cette multiplicité d'ordres qui venaient de tous côtés ; elle ordonna la dissolution des sous-comités d'arrondissement et enjoignit aux municipalités de surveiller les comités qui souvent entravaient les ordres émanés du pouvoir central.

Mais l'arme dont la Commune et le délégué à la guerre se servirent le plus volontiers fut le mensonge. Les bulletins de victoire n'avaient plus aucune créance auprès des gardes nationaux qui assistaient tous les jours à leurs propres défaites ; on eut recours à d'autres moyens pour relever les courages chancelants. Cluseret vit lui-même les Versaillais échanger des coups de chassepots entre eux pendant près d'une heure ; on alla plus loin, et on raconta que les marins enfermés dans le Mont-Valérien avaient encloué toutes les pièces à l'exception d'une seule. Pourquoi n'avoir pas dit qu'ils les avaient rendues toutes incapables de servir ? Sans doute pour expliquer les épouvantables bordées qui s'abattirent le lendemain sur Neuilly et Levallois ? Dombrowski écrivit dans un rapport qu'un bataillon de troupes de ligne était venu au-devant des fédérés pour se rendre, mais que six cents gendarmes s'étaient interposés. Il serait impossible de rapporter tous les mensonges qui circulaient dans les feuilles dévouées à la Commune ; un jour on apprenait que Bazaine avait été nommé chef d'état-major de Thiers ; une autre fois, un individu, visitant les ambulances de Versailles, avait remarqué que les lignards blessés avaient les mains très-fines et très-blanches ; il expliquait ce fait par l'enrôlement volontaire de presque tous les séminaristes de France.

A en croire les fédérés, les désertions étaient innombrables dans l'armée régulière ; les cavaliers venaient se rendre aux forts du Sud, et les fantassins rentraient dans Paris par la porte Maillot. Toutes ces assertions étaient fausses ; l'armée réunie autour de l'Assemblée était au contraire une des plus belles et une des plus fidèles armées que la France ait eu depuis longtemps ; les troupes qui avaient tenu garnison dans Paris avaient été très-vite remplacées par des régiments cantonnés en province ou bien par des régiments formés avec des prisonniers revenus d'Allemagne ; les cadres avaient été choisis avec soin de façon à assurer aux officiers le respect et l'autorité. Aussi la discipline ne faisait-elle plus défaut comme dans les premiers jours ; du reste, le gouvernement prenait un soin extrême des soldats : le service de l'intendance avait été régularisé et réformé ; on avait abandonné en partie les vieux errements ; ainsi des voitures suivaient les colonnes en marche, portant les sacs, les couvertures et les objets de campement. Cette armée à coup sûr était fort belle et capable de supporter les rudes fatigues d'un siége aussi difficile que le siége de Paris.

A l'intérieur de Paris, la violence croissait avec le danger ; les conciliateurs de la première heure se tournaient contre Versailles et avouaient franchement leurs desseins et leurs espérances. C'est ainsi que les francs-maçons, dont le programme n'avait pas été accepté par M. Thiers, adressèrent à la population une proclamation, où se ralliant à la Commune, ils s'engageaient à employer tous les moyens pour la faire triompher. Ils ne s'en tinrent pas aux paroles ; bientôt on vit les loges francs-maçonniques se promener à travers les rues et les boulevards et se rendre à l'Hôtel-de-Ville pour signifier leurs résolutions à la Commune. Ce fut un échange de discours et de protestations où les drapeaux jouèrent le plus grand rôle ; on convint d'une grande fête pour aller planter les bannières des différentes loges sur les remparts ; si les Versaillais ne cessaient pas le feu, si une seule balle perçait les emblèmes sacrés, toute la Franc-Maçonnerie devait se lever et courir à la défense de Paris bombardé.

Cette cérémonie théâtrale eut lieu en effet ; le cortége se réunit à l'Hôtel-de-Ville, monta à la Bastille, descendit les boulevards et suivit l'avenue des Champs-Élysées jusqu'à la porte Maillot ; les bannières furent plantées aussitôt, mais n'eurent pas la vertu d'arrêter les balles ; cependant, un armistice de quelques instants eut lieu, et le général commandant Neuilly se contenta d'inviter les francs-maçons à envoyer des délégués à Versailles exposer leurs prétentions au chef du pouvoir exécutif ; d'ailleurs la bataille recommença avec la même vigueur, et cette manifestation dont on avait fait tant de bruit ne donna pas un soldat de plus aux fédérés.

Du reste, toutes ces cérémonies étaient plutôt faites pour amuser le peuple et exciter son ardeur ; la Commune continuait tranquillement son œuvre révolutionnaire. Ainsi, Protot réorganisait la justice ; le décret rendu à son instigation était d'apparences très-libérales ; mais il renfermait deux innovations des plus dangereuses. Il posait comme principes le jugement par les pairs, l'élection des magistrats et la liberté de la défense ; et cependant jamais ces principes ne furent plus outrageusement violés. Était-ce en effet donner une satisfaction au droit d'être jugé par ces pairs que de décréter :

« Les jurés seront pris parmi les délégués de la

garde nationale élus à la date de la promulgation du décret de la Commune de Paris qui institue le jury d'accusation. »

Était-ce appliquer l'élection des magistrats que de dire :

« Les fonctions d'accusateur public seront remplies par un procureur de la Commune et par quatre substituts, nommés directement par la Commune de Paris. »

Enfin était-ce bien véritablement assurer la liberté de la défense que de permettre au procureur de ne laisser entre la citation et les débats qu'un intervalle de vingt-quatre heures. Du reste, toute l'organisation nouvelle ne devait reposer absolument que sur la garde nationale : elle seule compose le jury ; elle seule aussi composera le corps électoral ; ainsi la Commune ordonne la révision des listes électorales en rayant les absents et ceux qui n'ont pas de service dans la garde nationale. De cette façon la Commune assurait la durée de son pouvoir, et, par cette violation du suffrage universel, rendait impossible toute opposition à son principe.

Nous n'avons pas à nous appesantir sur le décret qui ordonne la démolition de l'église Bréa, et qui décide que l'emplacement s'appellera place de Juin. Notons en passant que le délégué aux finances exige des compagnies de chemin de fer le paiement d'une somme de deux millions, montant de l'arriéré de leurs contributions. Ce qu'il importe de remarquer, c'est l'évolution rapide que fit l'un des deux dictateurs de cette époque : Raoul Rigault sembla tout à coup tomber en disgrâce. Les vols de son accolyte Pilotell lui avaient fait un tort considérable dans l'opinion : il fut obligé de désavouer son agent, tout en affirmant son honorabilité ; mais à peu de jours de là, un second échec lui était réservé. La Commune voulait se réserver le droit de visiter les prisonniers et de les interroger pour hâter l'instruction de leurs affaires ; le farouche préfet de police s'y opposa, au moins pour les individus qu'il faisait mettre au secret ; il n'entendait pas qu'on se mêlât de son département, et il voulait garder pour lui le droit de proscrire, de juger, d'exécuter et de faire grâce. La Commune tint bon : Rigault dut céder, mais en même temps il donna sa démission.

Son rôle eût peut-être été terminé si Delescluze ne lui eût tendu une perche de salut ; il le fit nommer immédiatement membre de la commission de sûreté ; quelques jours plus tard, il arrivait aux fonctions qu'il avait rêvées toute sa vie : il était procureur de la Commune, le successeur de Chaumette et d'Hébert.

Nous verrons plus tard qu'il fut reconnaissant, et ne contribua pas peu à l'élévation de Delescluze ; du reste, l'horizon s'assombrit et la situation devient en plus en plus critique ; nous approchons du moment où l'on va prendre des mesures exceptionnelles ; le premier district du XIX° arrondissement demande la formation d'un comité de salut public, et le hideux *Père Duchesne* prononce à son tour ce mot terrible.

Ces deux ballons d'essai réussirent pleinement,

d'autant plus que les événements se précipitaient, montrant aux insurgés la profondeur de l'abîme dans lequel ils allaient tomber. Les instigateurs du mouvement insurrectionnel montrèrent alors plus que de l'énergie; ils furent pris d'une sorte de fièvre qui les poussa aux dernières extrémités. On apprit coup sur coup l'abandon du fort d'Issy, l'arrestation de Cluseret, et la création d'un Comité de salut public. La Commune s'aperçut que pendant qu'elle légiférait tout croulait autour d'elle; la trahison s'était glissée dans son camp; elle accusa le délégué à la guerre d'impéritie; mais d'autres se chargèrent de prononcer la vérité : il s'était vendu!

Nous ne voudrions pas donner des détails hypothétiques sur l'abandon du fort d'Issy; il y a des faits qui n'appartiennent pas à l'histoire, parce qu'ils sont indignes d'elle; mais quand on écrit l'histoire de la Commune, il faut se résigner à parler des hontes et des turpitudes qui sont le propre de cette époque. Chose remarquable! ces hommes qui ont triomphé en prêchant la réforme, ces hommes qui ont défendu des systèmes politiques et sociaux qui ne sont guère que des utopies parce qu'ils aspirent à la perfection humaine, ces mêmes hommes ont été accessibles à toutes les séductions; l'or les a éblouis; pour l'acquérir, ils ont volé, assassiné et trahi !

Nous nous garderons de citer un nom; mais parmi les membres de la Commune, il y en a eu au moins un qui, corrompu lui-même, s'est chargé de corrompre ceux auxquels était confiée la direction des affaires militaires. Cet homme acheta Cluseret;

ce dernier dut être gagné facilement : il s'était jeté dans la lutte à corps perdu, croyant à une véritable révolution ; il avait voulu organiser et réorganiser ; mais les éléments lui avaient manqué et il n'avait rencontré que de l'indifférence ou même de l'opposition chez ceux qui auraient dû le soutenir ; la Commission exécutive et le Comité central avaient sapé son autorité par tous les moyens possibles ; fatigué d'une lutte dont il ne pouvait honnêtement se dégager, il fut facile à séduire ; aussi à la fin d'avril n'était-il plus l'homme de la Commune, mais bien l'agent de Versailles. Peut-être même avons-nous été trop loin, et sa trahison fut-elle involontaire ; ce qu'il y a de certain, c'est qu'il abandonna le fort d'Issy à lui-même, ne renouvelant pas la garnison et n'envoyant pas de renforts. Les fédérés, écrasés par les obus, décimés par la mitraille, se lassèrent d'une résistance désastreuse, et malgré tout le monde, abandonnèrent le fort ; quelques hommes qui tinrent à honneur d'y rester, empêchèrent les Versaillais de l'occuper ; on craignit qu'ils ne fissent sauter la citadelle plutôt que de se rendre.

La Commune comprit, mais ne connut pas la trahison ; elle frappa les instruments, mais non l'instigateur du complot : il était dans son sein. Cluseret, délégué à la guerre, et Mégy, commandant du fort d'Issy, furent envoyés en prison.

Avant de raconter toutes les mesures que la Commune crut devoir prendre à cet égard, montrons que l'abandon du fort d'Issy ne fut pas un fait isolé ; les défections devinrent nombreuses, et à maintes reprises mirent en péril l'existence du gouvernement insurrectionnel; nous ne disons pas qu'elles furent provoquées par le pouvoir exécutif de la République; cela serait, nous ne pourrions lui en faire un reproche; mais certainement la conduite des défenseurs de l'Assemblée fut habile et prudente pendant les deux longs mois que dura la sanglante émeute.

On trouva moyen de faire parvenir leur solde aux gardes nationaux restés fidèles; on organisa dans l'intérieur de Paris une vaste société qui en semant le découragement dans l'âme des fédérés, et en relevant les plans de leurs barricades, devait plus servir au succès de l'armée régulière que par le concours qu'elle lui prêta plus tard.

Une seconde fois la trahison tenta de livrer une des principales défenses de Paris aux troupes de Versailles; un soir, trois bataillons qui occupaient le fort de Vanves l'abandonnèrent et se répandirent dans la ville en faisant courir le bruit que les marins fusiliers venaient d'emporter le fort d'assaut; il n'en était rien, et le délégué à la guerre put envoyer de nombreux renforts qui empêchèrent la perte de cette position importante.

En dernier lieu, le mot d'ordre fut vendu un soir au général commandant les troupes cantonnées dans les environs du Moulin-Saquet; à la faveur d'une nuit obscure, la redoute fut envahie, ses défenseurs furent égorgés, et des attelages préparés à l'avance emmenèrent six pièces de canon; mais les Versaillais ne jugèrent pas à propos de s'installer au

Moulin-Saquet et le laissèrent réoccuper par les fédérés.

Revenons maintenant aux mesures de sureté que la Commune prit en ces circonstances pour se préserver d'une ruine imminente.

Son premier acte fut la création du Comité de salut public auquel elle donna la haute main sur toutes les affaires. La Commune et la Commission exécutive s'éclipsèrent devant lui. Ce retour à un système révolutionnaire ne s'effectua pas sans une vive résistance; la presse fit entendre de nombreuses réclamations; mais où l'opposition fut la plus violente, ce fut au sein même de la Commune; vingt-cinq membres quittèrent la séance avant le vote, et protestèrent par leur abstention; dès lors, deux partis bien distincts se formèrent dans le sein du gouvernement de l'Hôtel-de-Ville; la minorité devint dangereuse, et menaça même un instant de faire une insurrection contre l'insurrection.

En effet, les actes du Comité central furent tous empreints d'un caractère de grande violence; les réformes qu'il entreprit blessèrent nombre de membres influents de la Commune. Ainsi, le colonel Rossel fut nommé délégué à la guerre immédiatement après l'arrestation de Cluseret; mais s'il eut la direction des opérations militaires, l'administration en fut réservée au Comité central. Cette double mesure excita la colère de Delescluze; d'abord, il demandait depuis longtemps qu'on se contentat de nommer de simples généraux, chargés de l'exécution; mais il repoussait l'élément militaire dans le gouvernement, et voulait qu'on lui substituât l'élément civil. D'un autre côté, cette réapparition du Comité central l'irritait fort ; il voyait que chaque jour la Commune perdait quelque chose de son autorité et en sacrifiait les dernières bribes à des pouvoirs qui n'étaient pas issus comme elle du suffrage universel. Le futur dictateur attaquait en même temps l'établissement d'une commission des barricades à la tête de laquelle on mettait Gaillard père, le sinistre idiot qui avait trouvé moyen de se faire remarquer sous l'Empire par son excentricité révolutionnaire ; cela lui semblait un indice de crainte et de faiblesse : Versailles était trop loin des portes pour que l'on prît de telles mesures de précautions.

Mais le Comité de salut public ne se laissait pas arrêter par l'opposition, si violente qu'elle fut ; sentant la trahison autour de lui, il faisait arrêter sur de simples soupçons. Après Cluseret, ce fût le tour de Mégy : puis vinrent Durasier, et l'ancien délégué aux relations extérieures, le citoyen Boursier, colonel de la première légion.

Raoul Rigault dénonça un membre de la Commune, connu sous le pseudonyme de Blanchet, et dont le véritable nom était Panille ; c'était un ancien banqueroutier de Lyon, successivement moine et secrétaire de deux commissaires de police ; ses antécédents étaient connus du procureur de la Commune depuis longtemps ; il ne les divulgua que lorsqu'il vit la trahison s'introduire au sein même de la Commune. Panille fut frappé, non pas tant pour lui-même, qu'à cause des soupçons vagues qui pesaient sur toutes les têtes. Les journaux n'étaient pas plus heureux, et le nouveau délégué à la sûreté, Cournet, en faisait une hécatombe qui dut rendre jaloux Rigault lui-même.

Coup sur coup, on apprit la saisie de *l'Écho du soir*, de *la Paix* et de *la Nation souveraine*; peu après, ce fut le tour du *Petit Moniteur*, du *Petit National*, du *Bon sens*, de *la Petite Presse*, du *Petit Journal*, de *la France* et du *Temps*. Mais ce n'était pas assez; on songea à supprimer toutes les feuilles publiques, à l'exception du *Journal officiel*. Le temps manqua pour accomplir ce beau projet.

C'était bien la peine d'avoir fait quatre révolutions, d'avoir eu des tribuns comme Benjamin Constant et Royer-Collard, pour qu'un beau jour un ramassis d'intrigants vint, au nom du salut public, interdire la pensée et supprimer la presse. Et ils ont trouvé des défenseurs, et ils en ont encore !

La création du Comité de salut public donna lieu à un incident qui aurait pu devenir funeste à la Commune. Félix Pyat, dans son journal *le Vengeur*, s'appliquait à prendre un masque libéral, et faisait de l'opposition à des décrets qu'il avait signés lui-même. Il alla plus loin, et quoique sachant combien les finances, sous un pareil gouvernement, étaient chose délicate, il réclama du délégué une sorte de bilan hebdomadaire; l'idée ne pouvait trouver grand écho dans ce monde d'aventuriers qui gouvernaient Paris.

Cependant, Pyat fut nommé membre de ce terrible Comité de salut public, auquel on donnait le droit de contrôle et d'examen sur toutes les autres commissions. Jourde dut croire que Pyat n'aurait rien de plus pressé que de mettre à exécution l'idée qu'il avait défendue dans son journal; il donna sa démission en faisant comprendre à ses collègues que la position serait intenable pour lui, s'il devait rendre compte de ses agissements financiers. La Commune le réélut, et Pyat, en gage de réconciliation, déclara le lendemain que le Comité de salut public avait pris l'initiative de la réélection de Jourde. L'incident fut ainsi terminé, et les finances de la Commune restèrent comme dans le passé, enveloppées d'un voile, que la justice devrait déchirer.

La nomination de Rossel à la guerre et la création du Comité de salut public furent le commencement d'une véritable terreur; le caractère froid et énergique de l'ancien capitaine de génie firent craindre les mesures rigoureuses et les tentatives désespérées. Le Comité semblait plus terrible encore; ses premiers actes avaient dévoilé sa nature et ses tendances; les arrestations se multipliaient, et des visites domiciliaires étaient opérées dans les établissements religieux pour y rechercher des armes. Ce fut l'occasion de spectacles dégoûtants et de comédies infâmes. Les fédérés exhibèrent des os de morts et des momies desséchées; on y vit la preuve de crimes nombreux commis sous le couvert de la religion; on calomnia les moines et les religieuses, et on leur imputa une série d'infamies.

Nous ne sommes pas enclins à défendre tout ce qui touche à l'Église et à ses ministres, mais la vérité nous oblige à dire que ces os et ces momies, dont on faisait tant de bruit, appartenaient les uns à des cadavres enterrés anciennement dans les chapelles, les autres à des personnages qui avaient été canonisés et qui servaient de reliques.

A l'aide de ces honteuses supercheries, on enlevait les prêtres et on les enfermait comme ôtages; on enlevait surtout les vases sacrés que l'or, l'argent et les pierres fines rendaient précieux aux farouches dictateurs de l'Hôtel-de-Ville.

Ce serait une erreur de croire que les prêtres furent seuls en butte aux persécutions du Comité de salut public; beaucoup de particuliers furent arrêtés comme anciens sergents de ville et comme gendarmes. Les officiers de la garde nationale qui avaient refusé de continuer leur service et que l'on soupçonnait d'entretenir des relations avec Versailles, furent recherchés et poursuivis. Les personnages qui avaient servi les gouvernements précédents étaient jetés en prison; on porta même la main sur le banquier suisse, Jecker, dont la créance avait servi de prétexte à la guerre du Mexique.

Comme on le voit, c'était bien la Terreur! Et cependant, le Comité de salut public voulut que Paris revêtît un air de fête et que la joie brillât sur tous les visages. Les grandes cérémonies telles que la proclamation de la Commune, l'enterrement des gardes nationaux tués à Neuilly, la manifestation des francs-maçons, n'avaient pas suffisamment ému la fibre populaire; il fallait des spectacles, des chants et des concerts. Le directeur du Gymnase fut contraint de laisser son théâtre ouvert; les Délassements Comiques servaient de passe-temps au procureur de la Commune; pour lui, il fallut exhiber les femmes les plus belles, les pièces les plus attrayantes, les décors les plus riches. On voulut même faire rouvrir l'Opéra; mais l'entrée des troupes arrêta ces beaux projets.

On tenta quelque chose de plus original : des concerts furent organisés aux Tuileries; une héroïne de ces cafés, dont le chant, la pipe et la bière sont les principaux attraits, Mᵐᵉ Bordas, fut chargée de répéter à la population les refrains avec lesquels les soldats de la grande Révolution marchaient au combat; Mˡˡᵉ Agar, de l'Odéon, récita des poésies guerrières et patriotiques, qui devaient exciter l'enthousiasme et l'ardeur des gardes nationaux.

Mais tout cela ne pouvait dissiper la tristesse, qui commençait à envahir les âmes; les rues devenaient désertes; un grand nombre de boutiques étaient fermées. La vie et l'animation font partout défaut; les gardes nationaux tiennent le haut du pavé, et les barricades s'élèvent menaçantes. Paris n'est plus la ville du commerce, de l'industrie et des plaisirs; c'est une grande place d'armes en proie à une soldatesque ivre et effrénée. C'est en vain que les journaux répètent que la sécurité est absolue, que le vol et l'assassinat ont disparu; s'il n'y a plus de malfaiteurs, il y a néanmoins au fond des cœurs une immense terreur. Qui n'a vu passer sur les boulevards ces bataillons ignobles, composés de jeunes gens et de vieillards, assemblage hideux d'individus, sur la physionomie desquels se reflètent les mauvaises passions? Qui n'a vu les églises et les monuments publics entourés et gardés par des fédérés à l'aspect repoussant? Ils étaient là, le fusil sur l'épaule, la pipe à la bouche, le bidon et le hâvre-sac au côté, tel que l'on croirait voir revivre les chiffonniers et les bohêmes de Gavarni, mais revêtus de l'habit de garde nationale, et surexcités par je ne sais quelle soif de boisson et de sang.

Dans les faubourgs et dans les quartiers excentriques, le spectacle était encore plus horrible; la voix du canon s'y fait entendre, incessante et formidable; trompettes, clairons et tambours lui répondent à l'envi.

Sur les trottoirs circulent, dignes auditeurs d'un tel concert, des hommes armés, — les soldats de l'insurrection — et des mégères, sur la figure desquelles sont empreintes la haine et la rage de la destruction. La chaussée n'existe plus; c'est un amas de pavés, entre lesquels reluisent les gueules des canons; des factionnaires gardent ces barricades, les uns cuvant leur ivresse dans le sommeil, les autres accroupis, tenant des propos ignobles ou jouant aux dés. Voilà Paris devenu en un jour la proie d'un ramassis de coquins, descendus des quartiers de la révolte, de la Butte-aux-Cailles, des carrières d'Amérique ou de la Goutte-d'Or, sentine où se rendent tous les immondices sociaux.

Loin de nous la pensée d'assimiler à ces scélérats

tous les défenseurs de la Commune; il y avait des gens dont la tenue était plus décente, l'aspect moins hideux; mais chez ceux-là l'envie et la haine fermentaient depuis longtemps; ils détestaient la société dans laquelle ils n'avaient pas su conquérir une place honorable, et pour se venger, ils voulaient la détruire; ceux-là n'étaient pas les moins dangereux. En troisième ligne, mettons les imbéciles et ceux que la faim forçait à s'enrôler sous les drapeaux de l'émeute; ils sont plus dignes de pitié que de colère, et la seule punition qu'il méritent est la contrainte au travail, qui seul peut les relever et les régénérer.

Tels sont les éléments avec lesquel le Comité de salut public et Rossel vont tenter d'organiser la résistance et la lutte suprême. Le nouveau délégué à la guerre sentit le besoin d'une réforme complète; mais le Comité central paralysait son action, et il ne pouvait s'occuper que de la direction des affaires militaires; à peine osa-t-il ordonner que les officiers d'état-major fussent soumis à un examen préalable; cette mesure était bonne en elle-même, mais les hommes capables manquaient, et il était difficile d'aller les chercher parmi ces gens, qui n'avaient vu dans l'insurrection qu'une occasion de s'affubler de beaux uniformes et de se galonner sur toutes les coutures. Rossel dut renoncer bien vite à l'idée qu'il avait conçue, de faire une véritable armée avec la garde nationale, telle qu'elle était constituée; il dut se résigner comme son prédécesseur, à remplacer les victoires par des mensonges.

Il faut reconnaître d'ailleurs qu'au moment où il prit le commandement, la situation militaire était fort compromise. Il se borna à faire réoccuper le fort d'Issy et à repousser d'une façon violente les sommations que le major Leperche fit au général Eudes, de rendre le fort ; là se bornèrent les succès du nouveau délégué ; mais ses rapports en signalèrent bien d'autres ; il prétendit que les fédérés avaient repris les Moulineaux et le Moulin-de-Pierre ; malheureusement, les batteries établies dans ces deux endroits se chargèrent de donner la réponse. Le fort d'Issy fut bombardé avec une nouvelle violence, et le 227e bataillon presque entièrement détruit.

Pour relever le moral des fédérés, on eut recours à d'autres impostures qu'aux succès invraisemblables. Les journaux renfermaient des dépêches ainsi conçues :

« *Dernière heure.* — Les lignards se battent avec les gendarmes à Rueil. »

Ou bien encore, l'on annonçait que Mac-Mahon avait donné sa démission, et que l'armée de Versailles était en pleine désorganisation. On allait même plus loin, et pour donner plus d'assurance aux fédérés, on les entretenait de moyens nouveaux et formidables, avec lesquels on viendraient facilement à bout des Versaillais, s'ils entraient jamais dans Paris ; c'est ainsi que *le Mot d'ordre* donnait la recette de la dynamite et de la dualine, avec les moyens de s'en servir.

Malgré tout cela, l'armée régulière continuait ses travaux et approchait de plus en plus du but. Dans la nuit du 29 avril, les tranchées, le cimetière et le parc d'Issy étaient enlevés sans coup férir ; ce brillant fait d'armes amena l'évacuation momentanée du fort et la disgrâce de Cluseret.

Deux jours après, le siége et le bombardement étaient repris avec une nouvelle énergie ; le château d'Issy tombait entre les mains des Versaillais, qui s'y retranchaient. Il en était de même de la gare de Clamart, mais les feux des forts empêchèrent de s'y établir aussi solidement, ce qui permit à Rossel de s'attribuer une nouvelle victoire et la reprise de la gare. La surprise du Moulin-Saquet n'eût aucun résultat matériel appréciable, mais elle contribua à jeter l'incertitude et la consternation dans les rangs des défenseurs de la Commune. Une opération beaucoup plus importante fut accomplie dans la nuit du 5 mai : la gare de Clamart fut occupée définitivement, ainsi que le passage voûté du chemin de fer et le réseau qui formait le point central des communications entre les forts d'Issy et de Vanves.

Cependant, si la situation militaire était mauvaise, un secours inespéré allait permettre au Comité de salut public de fonder quelques espérances meilleures sur l'issue de la lutte. Une association analogue à la Ligue d'union des droits de Paris s'était constituée à Paris, sous le nom d'Alliance républicaine ; elle se composait d'une multitude de groupes, formés eux-mêmes de citoyens appartenant aux divers départements. Ils avaient tous adhéré au programme de la Commune, et parlaient de conciliation. En réalité, cette association n'était pas autre chose qu'une sorte de Comité central destiné à agir sur la province et à y organiser l'insurrection; cela ressort du moins de la conduite de la Commune à l'égard de l'Alliance. Comme pour la Ligue d'union des droits de Paris, comme pour la manifestation des francs-maçons, il y eut une fête populaire.

Les délégués de la Commune et ceux de l'association se donnèrent rendez-vous dans la grande cour du Louvre, pour échanger des protestations et des drapeaux. Il est inutile de dire que les tentatives de conciliation échouèrent; mais une circonstance vint servir merveilleusement les projets de ces prétendus représentants des départements, et agrandir leur rôle. Des élections avaient eu lieu dans toute la France pour le renouvellement des conseils municipaux; le parti républicain en sortit triomphant dans les villes de premier et de second ordre. L'Alliance républicaine intervint directement auprès des nouveaux élus, et leur représenta que la conciliation était devenue un besoin, et qu'il était de leur devoir de la provoquer. Les villes alors envoyèrent des délégués auprès de M. Thiers, pour l'engager à faire cesser la lutte fratricide et à se prêter à un arrangement.

Le chef du Pouvoir exécutif les congédia avec des promesses, et surtout avec l'assurance de ne pas laisser renverser la République, tant qu'il serait aux affaires.

Les démarches les plus importantes de ce genre furent tentées par les conseils municipaux de Lyon, de Bordeaux et du Havre; il s'en joignit une infinité d'autres, et le mouvement tendit à devenir général. L'Alliance républicaine profita habilement de ces dispositions de la province, et elle prit l'initiative d'un grand congrès départemental; les différents conseils municipaux représentés par des délégués devaient y prendre part et se réunir à Bordeaux; on aurait ainsi formé une assemblée rivale de l'Assemblée nationale, et capable d'imposer sa volonté à la France entière. Mais le Gouvernement s'opposa à la réunion, et l'idée dut être abandonnée, faute de pouvoir être mise à exécution.

D'ailleurs, le moment n'était plus aux tentatives de rapprochements entre Paris et la province; l'agonie s'emparait de la Commune, et le triomphe de l'Assemblée approchait. L'activité du Comité de salut public était impuissante, et ne pouvait faire de l'ordre avec le désordre, comme avait dit Raoul Rigault au commencement de l'insurrection.

C'est en vain que, par différentes mesures, on avait cherché à prendre l'apparence d'un gouvernement régulier; le public ne s'y trompait pas, et rien ne pouvait combattre l'éloquence des faits. Pour faire croire au fonctionnement régulier de l'administration, le Comité de salut public avait exigé la publication de la situation financière. Ce document parut au commencement de mai, mais non sans opposition. Dans la séance de la Commune du 3 mai, Léo Meillet avait demandé s'il était bon de publier

8

que, sur une recette de vingt-huit millions, il restait seulement en caisse huit cent mille francs. Il valait mieux dire, selon lui, que l'état des dépenses payées par la délégation des finances s'était élevé à vingt-six ou vingt-sept millions, sans tenir compte des recettes et de l'encaisse restant au 30 avril; l'assemblée passa outre. Néanmoins, l'*Officiel* ne contint pas les différents tableaux qui devaient être annexées au rapport général.

Il est difficile de faire une critique sérieuse de ce « résumé des mouvements de fonds du 20 mars au 30 avril. » Les recettes s'étaient élevées à la somme de 26,013,916 francs 70 centimes, et les dépenses à 25,138,089 francs 12 centimes. Les chiffres sont bruts, et nous n'avons aucun moyen de constater leur exactitude ; nous devons cependant faire deux observations capitales : Quelles sont les dépenses afférentes au Comité central, et comment ont-elles été soldées ? A notre connaissance, il n'avait reçu de la Banque qu'une somme de un million ; nous admettons que le 18 et le 19, il ait pu servir la solde de la garde nationale sur sa propre caisse ; encore, eût-il dû en exiger plus tard le remboursement, et nous ne trouvons portée à son débit que la somme ridicule de quinze mille francs.

L'opinion demande impérieusement de quelles caisses est sorti l'argent dépensé par le Comité central; ce n'est pas des caisses du ministère des finances, puisque, d'après le rapport, elles ont été ouvertes pour la première fois le 4 avril. Ce n'est pas non plus des caisses des officiers-payeurs de la garde nationale, puisqu'à la connaissance de tous, on n'a pu, le 20 mars, payer la solde des gardes nationaux. La réponse à cette question jetterait peut-être un jour nouveau sur l'insurrection et sur ses véritables promoteurs. Si au contraire les ressources dont a disposé le Comité central proviennent des caisses de l'état, le rapport est incomplet, puisqu'il n'en dit pas un mot.

Le second point sur lequel nous voulons insister est tout aussi important et demande des explications catégoriques. A maintes reprises, le citoyen Jourde et d'autres membres de la Commune avaient évalué à 800,000 francs au minimum les dépenses quotidiennes; du 20 mars au 30 avril, nous avons un espace de quarante et un jours, pendant lesquels les sommes payées auraient dû s'élever au moins à 32,800,000 fr.; or, dans son résumé, le citoyen Jourde n'accuse que 25,138,089 fr. 12 cent.; il y donc un écart de 7,660,000 fr. au minimum. Nous pouvons en conclure qu'une partie des dépenses a été dissimulée, ainsi qu'une partie des recettes.

Nous ne reprochons pas à la Commune d'avoir dépensé 800,000 francs par jour; ce chiffre nous semble même être bien au-dessous de la vérité. Mais il importe de savoir où elle a puisé les ressources qui lui ont permis de faire face à des frais aussi considérables; il est d'ailleurs évident que le rapport est incomplet, puisque Léo Meillet, dans la séance de la Commune, dont nous avons parlé plus haut, dit que les recettes avaient atteint vingt-huit millions, et que Jourde ne reconnaît que vingt-six millions. Ce rapport financier laissa d'ailleurs le public indifférent ; peu importait aux fédérés de savoir d'où venait l'argent et comment il était dépensé, pourvu qu'ils eussent leur part des libéralités.

Quant au reste de la population, elle n'avait aucun des moyens de contrôle nécessaires pour une critique sérieuse. D'ailleurs, on ne se préoccupait guère que des affaires politiques et militaires. On laissa passer, sans aucune remarque, le décret sur l'enseignement professionnel; il contenait cependant une innovation importante ; une école était ouverte, où l'on admettait les enfants de douze ans et au-dessus, pour compléter leur instruction et leur apprendre un métier, selon le désir des parents.

C'était à coup sûr une mesure intelligente et libérale, telle qu'il serait à désirer que les gouvernements se disant légitimes en prissent de semblables.

La Commune s'occupa aussi des monts-de-piété, mais nous aurons plus tard l'occasion de revenir sur ce sujet.

Cependant le Comité de salut public et Rossel n'étaient pas plus heureux dans la poursuite des opérations militaires que la commission exécutive et Cluseret. En vain le nouveau délégué à la guerre faisait-il preuve d'activité et de courage, l'armée de Versailles avançait toujours et continuait le cours de ses succès; le découragement gagnait au contraire les fédérés, et les paniques devenaient de plus en plus fréquentes. Un jour, c'était la garnison du fort de Vanves qui se révoltait et refusait de continuer son service, le lendemain, la moitié d'un bataillon se sauvait du fort d'Issy; on le ramenait de force, et Rossel lui infligeait une punition infamante; une autre fois, la redoute des Hautes-Bruyères faillit être surprise, et peu s'en fallut qu'il n'arrivât la même chose qu'au Moulin-Saquet, mais le traître fut découvert et arrêté; les avant-postes n'en avaient pas moins été massacrés.

D'un autre côté, les dispositions d'une partie de la garde nationale n'étaient pas rassurantes : la deuxième légion avait été passée en revue par les membres de la Commune nommés dans l'arrondissement, de nombreux cris de : « Vive la paix ! » s'étaient fait entendre; cela avait jeté un certain froid dans la fête dont certainement on attendait mieux. D'ailleurs tout présageait la ruine du gouvernement insurrectionnel, et la défense même de Paris était compromise : les obus avaient allumé les casernes du fort de Vanves, une explosion avait eu lieu à Issy; de plus les formidables batteries de Montretout avaient ouvert le feu sur la Porte-Maillot, la porte d'Auteuil et la porte de Saint-Cloud ; une pluie de projectiles s'abattait sur les remparts qui peu à peu s'émiettaient dans les fossés, jusqu'à ce que la brèche fût ouverte. L'armée régulière avait passé la Seine et commencé des travaux d'approche dans le bois de Boulogne; le danger était imminent.

Le Comité de salut public épuisait en vain toutes les impostures pour rassurer la population. Les journaux à sa dévotion racontaient qu'une grande manifestation militaire avait eu lieu à Versailles, rue des Réservoirs, en faveur de la paix ; des soldats et des sous-officiers avaient hautement déclaré leur volonté de retourner dans leurs foyers, si les affaires n'étaient pas terminées dans huit jours; on faisait courir le bruit d'un coup d'état bonapartiste.

Enfin, on plaisantait la proclamation que M. Thiers venait d'adresser aux habitants de Paris. Il disait entre autres choses : « Le Gouvernement qui vous parle aurait désiré que vous pussiez vous affranchir vous-mêmes des quelques tyrans qui se jouent de votre liberté et de votre vie. Puisque vous ne le pouvez pas, il faut bien qu'il s'en charge, et c'est pour cela qu'il a réuni une armée sous vos murs, armée qui vient, au prix de son sang, non pas vous conquérir, mais vous délivrer..... Parisiens, pensez-y mûrement, dans très peu de jours nous serons dans Paris.

La France veut en finir avec la guerre civile. Elle le veut, elle le doit, elle le peut. Elle marche pour vous délivrer. Vous pouvez contribuer à vous sauver vous-mêmes, en rendant l'assaut inutile, et en reprenant votre place dès aujourd'hui au milieu de vos concitoyens et de vos frères.» Cette proclamation fort habile et fort sage d'ailleurs, excita au plus haut degré la rage des défenseurs de la Commune. Le *Réveil du peuple*, organe de Delescluze s'écriait :

« A qui donc le Gouvernement de Versailles veut-il faire peur avec de semblables fanfaronnades et d'aussi ridicules menaces ? Est-ce aux Parisiens ? Mais ceux-ci savent depuis longtemps à quoi s'en tenir sur les grands airs de Matamore des bravaches du 4 Septembre ? Les capitans de la défense nationale font tout au plus peur à quelques rentiers ou à quelques portiers. Quant au peuple, il connait par expérience leur vaillance, et sait que lorsqu'ils crient : En avant ! ils sont tout prêts à se replier en bon ordre. »

Le *Mot d'ordre* allait plus loin, et Rochefort disait :

« Pour qui sait un peu lire entre les lignes du *Journal Officiel* de Versailles, les menaces et les ultimatums du général Thiers signifient simplement ceci : « Rendez-vous ou sinon... c'est moi qui vais être obligé de me rendre. »

Voici maintenant un échantillon des grossièretés de *l'Estafette* :

« Jamais ce vieux fourbe, ce moribond qui s'embourbe de plus en plus dans la honte et le sang n'avait atteint ce cynisme horrible ! »

Dans toute la presse et parmi les fédérés, c'était un hurlement de rage, d'autant plus que les nouvelles sinistres commençaient à se répandre, M. Thiers passait des menaces à l'exécution.

L'église d'Issy et l'extrémité du parc des aliénés avaient été occupées par la ligne, de telle sorte que le fort était complétement isolé, tant des remparts que de Vanves ; la position n'était plus tenable. Les fédérés préférèrent à la mort une retraite assurée ; le 9 mai au matin les troupes prirent tranquillement possession de la citadelle abandonnée, et le drapeau tricolore remplaça le drapeau rouge.

Lorsque cette nouvelle parvint au délégué à la guerre, une immense colère s'empara de lui contre ceux qui avaient paralysé tous ses efforts ; jeune et ambitieux, il voyait tous ses projets détruits et renversés par la faute du Comité du salut public et du Comité central, il résolut de se venger.

Il fait imprimer une quantité de placards annonçant la prise du fort d'Issy, il ne consulte personne, ne demande aucun visa, et jette ainsi dans la population le découragement et la peur. Mais cela ne lui suffit pas, il donne sa démission et la signifie à la Commune dans une lettre qui rappelle par sa violence Lullier et ses protestations ; nous ne pouvons mieux faire que de la citer presque entièrement :

« Citoyens membres de la Commune, chargé par vous, à titre provisoire, de la délégation de la guerre, je me sens incapable de porter plus longtemps la responsabilité d'un commandement où tout le monde délibère et où personne n'obéit. Lorsqu'il a fallu organiser l'artillerie, le Comité central d'artillerie a délibéré et n'a rien prescrit.........., j'ai demandé à la Commune de développer les municipalités d'arrondissement. La Commune a délibéré et n'a rien répondu.

Plus tard, le Comité central de la fédération est venu offrir presque impérieusement son concours à l'administration de la guerre... J'ai accepté ce concours de la manière la plus nette... Depuis ce temps-là, le Comité central délibère, et n'a pas encore su agir. Pendant ce délai, l'ennemi enveloppait le fort d'Issy... La garnison, mal commandée, prenait *peur*, et les officiers délibéraient, chassaient du fort le capitaine Dumont, homme énergique qui arrivait pour les commander, et tout en délibérant évacuaient leur fort, après avoir sottement parlé de le faire sauter, chose plus impossible pour eux que de le défendre. Ce n'est pas assez.

Hier, pendant que chacun devait être au travail ou au feu, les chefs de légion délibéraient pour substituer un nouveau système d'organisation à celui que j'avais adopté, afin de suppléer à l'imprévoyance de leur autorité toujours mobile et mal obéie. Il résulta de leur conciliabule un projet au moment où il fallait des actes..... Je ne suis pas un homme à reculer devant la répression, et hier, pendant que les chefs de légions discutaient, le peloton d'exécution les attendait dans la cour.

Mais je ne veux pas prendre seul l'initiative d'une mesure énergique, endosser seul l'odieux des exécutions qu'il faudrait faire pour tirer de ce chaos l'organisation, l'obéissance et la victoire... Mon prédécesseur a eu tort de se débattre dans cette situation absurde. Eclairé par son exemple, sachant que la force d'un révolutionnaire ne consiste que dans la netteté de la situation, j'ai deux lignes à choisir : briser l'obstacle qui entrave mon action, ou me retirer. Je ne briserai pas l'obstacle; car l'obstacle, c'est vous et votre faiblesse, je ne veux pas attenter à la souveraineté publique. Je me retire, et j'ai l'honneur de vous demander une cellule à Mazas.

Signé : Rossel. »

La prise du fort d'Issy, la lettre et la démission de Rossel, n'émurent pas la Commune, comme on serait en droit de le supposer. La séance du 9 mai commença par une discussion oiseuse sur la rédaction des procès verbaux; on s'était contenté de faire démentir par Vésinier l'affiche de Rossel, sous prétexte qu'il n'était pas bon de porter de telles nouvelles à la connaissance du public. Delescluze rappela l'Assemblée au sentiment de la situation :

« Vous discutez, s'écria-t-il, quand on vient d'afficher que le drapeau tricolore flotte sur le fort d'Issy. Citoyens, il faut aviser sans retard ! »

Le Comité secret fut prononcé, et les résolutions suivantes furent adoptées :

1º Réclamer la démission des membres actuels du Comité de salut public, et pourvoir immédiatement à leur remplacement;

2º Nommer un délégué civil à la guerre, qui sera assisté de la commission militaire actuelle, laquelle se mettra immédiatement en permanence;

3º Nommer une commission de trois membres, chargée de rédiger immédiatement une proclamation;

4º Ne plus se réunir que trois fois par semaine en assemblée délibérante, sauf les réunions qui auront lieu dans le cas d'urgence, sur la proposition de cinq membres ou sur celle du Comité du salut public;

5º Se mettre en permanence dans les mairies de ses arrondissements respectifs, pour pourvoir aux besoins de la situation;

6º Créer une cour martiale dont les membres seront nommés immédiatement par la commission militaire;

7° Mettre le Comité de salut public en permanence à l'Hôtel-de-Ville.

Ces mesures ne furent pas du goût de tout le monde : une lutte des plus vives s'engagea entre Delescluze et Félix Pyat. Le premier, soutenu par Rochefort, se fit le défenseur de Rossel, et combattit vivement les mesures adoptées par la Commune. Il demanda la centralisation de tous les pouvoirs dans une seule main, sous le contrôle d'une commission de trois membres, de plus il réclama l'interdiction absolue au Comité central de s'immiscer dans l'administration de la guerre, sous peine de dissolution immédiate, et sans préjudice des poursuites qui pourraient être intentées à ses membres.

Le *Réveil du peuple* du 11 mai contenait en outre une violente diatribe contre Félix Pyat :

« Les véritables audacieux, y est-il dit, sont ceux-là qui, dépositaires du pouvoir souverain, n'ont su qu'y perdre le temps en bavardages, quand ils ne s'en sont pas faits les patrons de l'anarchie et de la désorganisation militaire dans la cité. M. Félix Pyat doit nous comprendre, ce membre du Comité de salut public qui introduisait, il y a huit jours, dans la direction de la guerre, l'action dissolvante du Comité, et qui s'est permis ensuite de signer des ordres à un général, sans en informer le délégué à la guerre, seul responsable. »

Plus loin, le Comité central avait sa part de reproches, et ils n'étaient pas des moins violents ni des moins mérités :

« Paris se moque à bon droit des prétentions militaires de M. Thiers passé général en chef. M. Thiers n'est que ridicule. Nous avons à côté de cela, dans les conseils de légion, dans le Comité central, quantité d'hommes qui n'ont jamais assisté à une bataille, ni même tenu un fusil, et qui veulent, à tout prix, faire, comme *in animà vili*, sur le corps tiraillé de notre héroïque Commune, l'expérience de leur génie militaire. Ah! vous, Duval et Flourens, vous, du moins, si vous avez été présomptueux et incapables, vous avez marché les premiers au feu et votre sang a payé votre folie. Mais ces gens-là ne veulent que des écharpes et des galons, ils ne sont bons qu'à délibérer pour désorganiser... Si l'unique pouvoir élu, la Commune, ou son émanation directe, le Comité de salut public, ne balaie pas énergiquement ce tourbillon d'élus bâtards et sans mandats, qui pillent et gaspillent le pouvoir, la Révolution s'enlace dans ses propres filets... »

Quel livre curieux il y aurait à faire sous ce titre : *la Commune et le Comité central jugés par eux-mêmes!* On y verrait Rochefort, Pyat, Lullier, Rossel, Delescluze, Vésinier et Vermorel se traiter de mouchards, de vers luisants, de Bombyx à lunettes, de racines de buis, d'élus bâtards et sans mandats, d'incapables et d'imbéciles. L'historien ne pourrait les juger aussi sévèrement qu'ils l'ont fait eux-mêmes. Quelle triste opinion ces gens-là avaient les uns des autres, et comme la population a été criminelle de se laisser mener à la boucherie par une tourbe de pareils misérables! Ils ne s'entendent que dans un but, piller, assassiner et faire du désordre. Triomphent-ils, aussitôt la division se met dans leur camp, ils s'adressent des injures, ils se dénoncent, ils s'emprisonnent, ils servent le gouvernement qu'ils viennent de renverser; ils ont toujours peur de rencontrer des traîtres et des assassins parmi eux. A l'Hôtel-de-Ville, ces magistrats ne siègent que le revolver à côté d'eux, prêts à se brûler la cervelle au moindre geste, à la moindre parole compromettante! Rochefort fut peut-être le seul qui comprit tout le ridicule et tout le danger d'une situation semblable; il s'en plaignit amèrement, sans s'apercevoir qu'il était un des premiers coupables. Lorsqu'il vit la lutte désastreuse qui s'éleva entre Delescluze d'un côté, Pyat et le Comité central de l'autre, voici ce qu'il écrivit :

« Ce qui ronge la Commune, désagrège le Comité central, énerve la garde nationale et finalement dissout la République, ce n'est ni le Prussien installé à nos portes, ni les obus de M. Thiers, ni les lois élaborées par M. Dufaure; ce qui nous tue, c'est la défiance. L'Hôtel-de-Ville se défie du ministère de la guerre, le ministère de la guerre se défie de la marine, le fort de Vanves se défie du fort de Montrouge, qui se défie du fort de Bicêtre; Raoul Rigault se défie du colonel Rossel et Vésinier se défie de moi. La défiance, qui a été de tout temps la plaie du parti républicain, y est passée, depuis les derniers événements, à l'état de fléau. Pour peu qu'un homme ait joui de quelque autorité pendant quarante-huit heures, quinze voix, tout en se défiant les unes des autres, se réunissent pour s'écrier : « Arrêtons-le, il doit être vendu aux d'Orléans. »

Cette invitation à la concorde ne fut entendu de personne, bien au contraire; les mesures violentes se succédèrent : le Comité de salut public fut renommé et Félix Pyat éliminé; Delescluze fut choisi comme délégué civil à la guerre, c'est-à-dire comme dictateur. Enfin, Rossel reçut l'ordre de se rendre à l'Hôtel-de-Ville, où il fut gardé à vue par Ch. Gérardin. Quelques heures après leur entrée à la questure, le gardien et le prisonnier s'enfuyaient. Cette disparition, renouvelée de nos grands comiques, excita la colère de la Commune; elle donna au général Bergeret l'ordre de poursuivre les fugitifs et de les arrêter coûte que coûte. Pyat fit peser tout le poids de sa fureur sur Delescluze, à la fois délégué à la guerre et membre du Comité de salut public. Il s'éleva contre le cumul et somma la Commune de retirer au nouveau ministre une des deux fonctions qu'il occupait. Sur un ton sérieux, mais où perce l'ironie et la haine, il disait :

« La Commune sera assez fidèle à ses votes, assez soucieuse de ce précieux citoyen, assez ménagère d'une santé revenue de Cayenne, assez économe de son trésor, pour ne pas le prodiguer. On ne peut être à la fois à la cave et au grenier. Il ne faut pas brûler la chandelle par les deux bouts. Qu'il choisisse et, quelque choix qu'il fasse, nous applaudirons, le croyant apte à chaque chose, sinon à deux choses à la fois ! »

Désormais, l'harmonie ne pourra plus exister dans la Commune. Aux deux grands partis existant antérieurement s'ajoutent des compétitions personnelles.

Presque tous les membres de la minorité se retirent dans leurs arrondissements pour ne s'occuper que de l'administration. Ils laissent à leurs collègues la responsabilité des actes subséquents. D'ailleurs, il n'y a plus que deux pouvoirs à Paris : Delescluze et le Comité de salut public. Le Comité central lui-même a été forcé de s'humilier devant l'inflexible volonté du dictateur. Cependant, il est facile de constater un profond dissentiment entre ces deux autorités rivales. Dans le *Réveil du Peuple*, inspiré directement par le nouveau délégué à la guerre, on poursuit énergiquement la réhabilitation de Rossel. La proclamation du Comité de salut public l'accuse, au contraire, d'une façon catégorique :

« La trahison, dit-il, s'est glissée dans nos rangs. Désespérant de vaincre Paris par les armes, la réaction avait tenté de désorganiser ses forces par la corruption. Son or, jeté à pleines mains, avait trouvé jusque parmi nous des consciences à acheter. L'abandon du fort d'Issy, annoncé dans une affiche impie par le misérable qui l'a livré, n'était que le premier acte du drame; une insurrection monarchique à l'intérieur, coïncidant avec la livraison d'une de nos portes, devait le suivre et nous plonger au fond de l'abîme... »

Ce placard montre que si Pyat ne faisait plus partie du Comité de salut public, il en était resté l'inspirateur et poursuivait de sa haine ceux qui l'avaient emporté sur lui. C'était lui d'ailleurs qui avait le premier parlé d'une conspiration à l'intérieur. Le jour de la fuite de Rossel, deux cents gardes nationaux se seraient réunis au Luxembourg, dans un but mystérieux et sous la conduite d'un agent versaillais. L'événement qu'ils attendaient ne s'étant pas produit, ils se seraient dispersés. En même temps, les gendarmes auraient tenté d'assassiner Dombrowski. Tout ceci était de l'invention de Pyat, qui apportait dans la politique ses inspirations de dramaturge. Pour que rien ne manquât à la pièce, il était même question d'un secret important livré par Gérardin à Rossel, et qui aurait décidé ce dernier à trahir la Commune. Le récit de ce complot si perfidement tramé émut beaucoup les esprits et fit concevoir des doutes sur la fidélité de Cournet, le délégué à la préfecture de police et un des deux satellites qui gravitaient autour de Delescluze. En vain Cournet supprima-t-il d'un seul coup *le Moniteur universel*, *l'Observateur*, *l'Univers*, *le Spectateur* et *l'Anonyme*, Pyat le fit destituer en haine du délégué à la guerre. Il fut remplacé par Th. Ferré, *l'alter ego* de Raoul Rigault.

Ferré était un des membres les plus violents et un des plus compromis de la Commune. Le 18 mars, il s'était fait remarquer au Château-Rouge par l'acharnement qu'il avait mis à demander la mort du général Lecomte. Il devait poursuivre et exagérer l'œuvre sanglante de Rigault, dont il suivait les conseils et les inspirations. C'est ainsi qu'il présida au meurtre des otages et qu'il ordonna d'allumer des incendies dans tout Paris. C'était donc bien l'homme qu'il fallait dans les circonstances critiques où se trouvait la Commune. Il ne tarda pas d'ailleurs à donner des preuves de son zèle et de son activité. Tous les journaux indépendants qui avaient survécu aux arrêtés de ses prédécesseurs furent saisis et supprimés. Il se donna même le luxe de découvrir une conspiration ; c'est à lui que l'on doit l'affaire dite des brassards tricolores. On aurait trouvé un grand nombre de ces signes de ralliement dans un magasin, et quelques indiscrétions auraient permis de faire arrêter dans le 8e arrondissement trois individus convaincus d'avoir des relations avec Versailles. On rapprochait de ces faits l'occupation du bois de Boulogne et la concentration de forces qu'y faisait le maréchal de Mac-Mahon.

Ferré était, en fait de complots, moins inventif que Pyat, mais il se dédommageait par le nombre de personnes qu'il faisait arrêter.

Pour en revenir à Delescluze et aux opérations militaires, il faut reconnaître que la situation ne s'était pas améliorée au profit de la Commune. Le système du nouveau délégué ne différa pas sensiblement de celui de ses prédécesseurs ; il poussa même aux dernières limites cette maxime qu'il avait fait prévaloir dans le sein de la Commune : qu'il ne faut jamais avouer ses défaites, de peur de démoraliser les troupes. Pour rassurer les fédérés, il inventa un coup d'État bonapartiste à Versailles et le remplacement de M. Thiers par le maréchal Mac-Mahon. Pour démontrer combien cette révolution avait profité à la Commune, il annonça une grande victoire du général Brunel. Ce dernier, pour assurer les communications entre Vanves et Issy, avait occupé le lycée de Vanves, après en avoir chassé l'ennemi.

A Neuilly, Dombrowski continuait le cours de ses succès, sans avancer jamais. Enfin, le gouvernement de l'Assemblée était dans une situation tellement critique que des préparatifs étaient faits à Tours pour recevoir le personnel et le matériel des ministères.

« Les ordres donnés à ce sujet sont un démenti formel à la prétention qu'a M. Thiers d'être à Paris avant huit jours. »

Et cependant, le fort de Vanves avait été abandonné dans la nuit; il était immédiatement occupé par les troupes de ligne. Il n'y eut pas d'ailleurs d'autre fait d'armes important. Le travail de siége, long et pénible, avançait de tous côtés; des tranchées étaient creusées jusque derrière la butte Montmartre. La Seine était franchie et le bois de Boulogne occupé; des batteries de brèche allaient être construites à quelques centaines de mètres des remparts. Nous voici donc arrivés à la dernière période de la Commune, à son agonie. Avant d'examiner les efforts qu'elle fit pour éviter sa chute prochaine, revenons un peu sur le rôle et sur la conduite de l'Assemblée nationale à Versailles. Autant le gouvernement et M. Thiers furent sages et modérés, autant elle se montra violente et maladroite; elle était en partie cause de l'insurrection du 18 mars, par ses tendances réactionnaires et par le peu d'empressement qu'elle avait montré pour satisfaire les vœux légitimes de la population parisienne. Nous avons dit plus haut que la loi sur les échéances avait très-fortement indisposé la classe bourgeoise. Lorsqu'il fut question des franchises municipales, elle se montra intraitable dans son obstination. Elle oubliait volontiers que la République était le gouvernement de fait, et souvent elle affichait ses aspirations monarchiques. Enfin, elle froissait les sentiments les plus respectables d'une grande partie de la France, en refusant à Garibaldi les mérites qu'il était difficile de lui contester, son abnégation et son dévouement.

Les révolutionnaires avaient beau jeu contre l'Assemblée, et ils répondirent par l'émeute à toutes ces provocations; ils entraînèrent bon nombre de citoyens par leurs protestations énergiques et légitimes contre l'autocratie du général Vinoy et contre la décapitalisation de Paris. Encore, si l'Assemblée avait su réparer ses fautes par sa conduite pendant l'insurrection; elle se montra plus violente et plus haineuse que jamais. On connaît la réception qu'elle fit aux maires de Paris, lorsqu'ils vinrent lui soumettre les moyens de pacifier Paris. Représentant du suffrage universel, elle aurait dû respecter les élus de la capitale; de cette façon elle aurait gagné en dignité, et elle se serait évité bien des ennemis. Elle n'eut pas le courage de voter d'urgence une loi municipale qui aurait isolé les insurgés et réduit leurs prétentions à néant. Enfin, elle ne cessa de harceler M. Thiers et ses ministres républicains. Le chef du pouvoir exécutif dut agir sans elle et en dehors; il fit nommer une commission de quinze membres chargés de l'assister, évitant ainsi des rapports continuels avec une Assemblée frappée d'aveuglement et de démence. Mais ce n'était pas encore tout. Lorsque la Commune fut réduite aux abois et que la victoire de l'ordre fut assurée, elle redoubla de maladresse. Tant que l'insurrection s'était maintenue, la Chambre, affolée de terreur, avait mis tout son espoir dans M. Thiers et l'avait laissé transiger et combattre à son gré ; mais lorsque le péril fut passé, elle aspira à jouer le premier rôle et à recueillir les fruits d'une victoire qu'elle n'avait pas remportée et qu'elle avait plutôt compromise. C'est ainsi qu'elle vota des prières publiques dans toute la France. On nous ramenait tout d'un coup aux beaux jours de la monarchie du droit divin, et l'on invoquait Dieu alors que le dernier coup était porté à la Commune. Il était trop tard, et son assistance aurait été plus profitable le 18 mars.

Dieu, d'ailleurs, pour la droite, ce n'était pas autre chose que le comte de Chambord, cet inconnu d'hier, dont les prêtres annonçaient et prêchaient le retour. De semblables mesures étaient bien faites pour donner raison à ceux qui demandaient la séparation de l'Église et de l'État. Le vote de l'Assemblée excita dans Paris et dans beaucoup de départements une légitime indignation ; c'était jeter un défi à la France de Voltaire, à la France de 89 et de 92. La réponse ne se fit d'ailleurs pas attendre longtemps, et les élections du 2 juillet se chargèrent de prouver aux légitimistes et aux ultramontains que les temps de Charles X n'étaient pas prêts de revenir. Si la droite s'en fût tenu à de semblables puérilités, on aurait pu la plaindre, sans s'indigner ; mais elle favorisait un immense pétitionnement en faveur du pape, dont la puissance venait d'être renversée par l'Italie. On faisait signer les femmes et les enfants, les enfants de deux ans dont il fallait conduire la main sur le papier. On n'aurait pas craint de jeter le pays dans de nouvelles aventures et de commencer une guerre funeste pour rétablir sur son trône vermoulu Pie IX, vieillard décrépit, et pour restaurer la papauté, plus décrépite encore.

Ces tendances se firent jour dans l'Assemblée; on voulut renverser M. Thiers et monter à l'assaut du pouvoir, afin de le rendre à son légitime possesseur Henri V.

M. Mortimer-Ternaux se chargea de l'attaque et, s'emparant des paroles dans lesquelles le chef du pouvoir exécutif promettait la vie sauve et la liberté aux insurgés qui déposeraient les armes, il demanda si c'est ainsi qu'on entendait punir les coupables, ou si ces paroles avaient été réellement prononcées.

M. Thiers comprit l'attaque et n'y répondit pas directement; mais il s'éleva contre les tracasseries dont il était l'objet, se déclara prêt à donner sa démission et sollicita un vote de confiance :

« Attendez, s'écria-t-il, attendez encore huit jours que tout soit fini, et la tâche sera à la hauteur de votre courage et de votre intelligence. »

La droite avait mérité cette rude apostrophe, et elle se retira de la lutte vaincue et amoindrie. Nous n'insisterons pas sur toutes les fautes de cette Assemblée de laquelle M. Thiers a eu tort de dire qu'elle était une des plus libérales que la France avait jamais eu. Ce qui ressort certainement de tout ceci, c'est que la Chambre des représentants fut en grande partie cause de l'insurrection, et qu'elle ne fit rien pour la combattre et la vaincre. On aurait tort de lui faire honneur de la victoire; il revient tout entier au chef du pouvoir exécutif de la République et à ses ministres, qu'il abandonna cependant depuis.

Toutes les fautes de l'Assemblée n'auraient pas sauvé la Commune, qui se perdait elle-même par ses violences et ses crimes; à mesure que l'heure suprême approchait, elle redoublait d'audace. La plupart des hommes qui la composaient étaient inconscients de leurs actes, incapables d'en comprendre la portée et saisissaient à peine la responsabilité qui leur incombait. Les plus intelligents poussaient leurs collègues dans la voie funeste qu'ils avaient adoptée. Les mensonges se succédaient plus scandaleux que jamais, et les mesures sanguinaires devinrent si fréquentes que la population finit par n'en plus comprendre toute l'indignité. Les défenseurs de l'insurrection étaient peu nombreux à la fin et complétement aveuglés par le sang qui coulait à flots depuis deux mois et par les atrocités qu'ils avaient déjà commises. C'est ainsi que le *Mot d'ordre* pouvait annoncer, sans que des protestations s'élevassent, que le fort d'Issy avait été repris et réoccupé par les fédérés. Il y avait déjà huit jours que le fort de Vanves était au pouvoir des Versaillais, et Delescluze ne craignait pas d'affirmer qu'il tenait toujours et qu'il était encore pour longtemps en état de tenir. D'ailleurs, il n'était plus besoin de prendre un masque et de s'abriter derrière des semblants d'honnêteté et de désintéressement. Le temps était passé où l'on protestait contre les suppressions arbitraires des journaux. Les dernières feuilles qui avaient conservé un semblant d'indépendance et d'impartialité étaient proscrites par le Comité de salut public ; c'est ainsi que *le Siècle, la Discussion, le National, l'Avenir national, le Corsaire* et *le Journal de Paris* durent cesser leur publication. On rêvait le retour de l'époque révolutionnaire et des institutions exceptionnelles qui avaient rendu si terribles la Commune et le Comité de salut public. N'ayant rien pu faire ni rien créer pour eux-mêmes, les dictateurs de 1871 voulurent vivre sur le passé et tenter sa résurrection. Que les temps et les circonstances ne fussent plus les mêmes, peu leur importait. Il leur fallait des armes ; ils les prirent partout où ils les trouvèrent. On décréta le port obligatoire d'une carte civique ; tout individu qui n'en serait pas muni devait être arrêté et mis en prison. La garde nationale était chargée de l'exécution de ce décret qui laissait bien loin derrière lui l'Empire et les lois de sûreté générale. Il n'y avait plus de suspects : toute la population en masse était comme accusée et incriminée. Pour avoir un toit où reposer sa tête, pour marcher dans la rue, pour être libre, il fallait porter sur soi une sorte de jugement qui vous déchargeait de l'inculpation générale et qui attestait vos bons sentiments à l'égard de la Commune. Jamais la liberté individuelle n'avait été violée plus outrageusement. Le séjour de Paris était devenu insupportable et dangereux. Quiconque ne portait pas l'habit de garde national vivait dans un état de crainte permanent, et sa liberté, sinon sa vie, était en péril.

On a dit que la Commune n'avait pas fait poursuivre les réfractaires et qu'elle avait été fort tolérante à l'égard de ceux qui avaient cherché à se soustraire au service obligatoire qu'elle avait décrété. Il y a là une grave erreur. Il est vrai que, dans certains arrondissements, on ne voulait pas agir avec une grande rigueur, de peur d'exaspérer la population. On n'aurait pas pu, dans les quartiers du centre, poursuivre les jeunes gens comme on le fit dans les faubourgs. Place du Panthéon, on vit des fédérés faire la chasse à un réfractaire et, ne pouvant l'atteindre, tirer sur lui des coups de fusil. Il fut blessé à la jambe, arrêté et jeté en prison. Voici d'ailleurs un document qui ne laisse aucun doute sur l'exécution du décret de la Commune :

Ordre formel. — 8e *légion.*

Tous les citoyens de 19 à 40 ans, faisant partie des 3e et 4e bataillons, qui n'auront pas rejoint immédiatement leur casernement à la caserne de la Pépinière, seront arrêtés et déférés à la Cour martiale (la peine encourue est la peine de mort).

Signé : Auguste Petit.

Le caractère de ces mesures était surtout comminatoire; on aurait pu croire que l'exécution n'en aurait jamais lieu, et que la Commune reculerait devant les atrocités qu'elle décrétait. Malheureusement, ces espérances, si elles existaient, étaient bien loin d'être fondées, et elles durent bientôt s'évanouir. Dans une séance de l'Hôtel-de-Ville, un membre nommé Urbain, un misérable ambitieux, demanda que pour un individu fusillé par les Versaillais, en égorgeât dix des prisonniers retenus à Mazas et à la Roquette.

Cette proposition sanguinaire, plus sauvage que la loi de Lynch pratiquée dans les déserts de l'Amérique, plus barbare que la loi du Talion oubliée depuis longtemps fut repoussée par Raoul Rigault et par Protot; ces derniers étaient plus amateurs des formes, et pour en arriver au même résultat, préféraient l'exécution pure et simple du décret de la Commune sur les otages, décret qui donnait aux personnes arrêtées des semblants de juges, et un semblant de jugement. L'Assemblée donna raison à son procureur et à son ministre de la justice; nous verrons plus tard les funestes conséquences de ce vote sinistre. Mais ce n'étaient pas les seules horreurs que l'on pouvait déjà présager. Les débats devant les conseils de guerre nous ont révélé que l'incendie était un des grands moyens de défense sur lesquels comptait l'insurrection; un officier fédéré s'était plaint à Assi de n'avoir pas de pétrole et d'être obligé de mettre le feu avec des allumettes aux maisons qu'il était contraint d'abandonner. Nous avons à citer un autre exemple de la manière dont les fédérés faisaient la guerre. Le 15 mai, la cour martiale avait à juger le lieutenant-colonel Daviot accusé d'avoir abandonné le couvent d'Issy.

Le président demande à l'inculpé :

« Qui vous avait autorisé à faire retirer les pièces d'artillerie ? »

La réponse textuelle fut celle-ci :

« Personne : mais en évacuant Issy, j'avais l'intention d'incendier le village avec des pompes à pétrole. »

Et dire que ces gens accusaient sans cesse le gouvernement de Versailles de cruauté et de barbarie ! Ils prétendaient que l'armée régulière se servait de bombes à pétrole et de balles explosibles; eux au contraire n'avaient pas, disaient-ils, reconnu la convention de Genève puisqu'ils n'étaient pas belligérants, mais au moins faisaient-ils la guerre comme la font les peuples civilisés : est-il possible de mentir avec plus d'impudence !

A ces derniers jours de la Commune se rattachent une foule d'événements qui pouvaient faire présager tous les crimes dont la Commune allait se souiller en tombant; il semble qu'elle ait voulu endurcir les consciences et se préparer au dernier acte de la grande tragédie qui se déroulait depuis deux mois devant les murs de Paris. Dans des moments de sotte colère, elle avait décrété le renversement de la colonne Vendôme et la démolition de la maison de M. Thiers; on pouvait croire qu'elle n'en arriverait jamais à l'exécution, on se trompait. La colonne percée à sa base fut jetée par terre au milieu d'un grand concours de peuple; ce fut une sorte de fête, la dernière. Les fanfares et les musiques jouèrent des airs militaires et patriotiques; on poussa des hurrah en l'honneur de la Commune et de la République, on agita force drapeaux rouges, un discours fut même prononcé, et ce fut tout! La maison du chef du pouvoir exécutif de la République fut préalablement vidée et dépouillée de tous les trésors qu'elle renfermait, on procéda ensuite à la démolition, mais simplement et sans appareil; cela se fit dans le calme le plus complet, sans qu'une manifestation d'aucun genre se produisit; c'était une mauvaise action dont on avait honte, et à laquelle chacun cherchait, autant que possible, à se dérober.

D'ailleurs, la conscience publique était comme endormie; les honnêtes gens avaient peur et se cachaient, ils se contentaient de faire en secret des vœux pour le triomphe de l'ordre et du gouvernement légal. L'attitude du Comité de salut public n'était pas faite pour les rassurer, il avait trouvé la commission militaire trop molle et trop tiède, il en changea la composition, et aux hommes relativement modérés qui la composaient, il substitua des membres de la majorité ardents et trop compromis pour pouvoir reculer.

Chaque événement nouveau servait de prétexte à de nouvelles violences; l'explosion de la cartoucherie de l'avenue Rapp fut attribuée à des agents versaillais; on fit de nombreuses arrestations, et on augmenta le nombre déjà considérable des ôtages; des proclamations incendiaires furent affichées dans

Paris, et on habitua les esprits à l'idée des représailles sanglantes qui allaient bientôt faire tant de victimes. D'un autre côté, la presse était muette, et ceux-là seuls avaient le droit de parler qui défendaient et exaltaient la politique de la Commune. A peine quelques symptômes pouvaient-ils révéler aux malheureux enfermés dans Paris que le jour de l'expiation était proche.

Rochefort, si semblable par son caractère à Félix Pyat, écrivait à sa famille qu'il allait se rendre en Belgique, et l'invitait à venir l'y retrouver. La lettre était interceptée et publiée par *le Gaulois*; c'est en vain que l'auteur de *la Lanterne* protestait contre l'intention qui lui était attribuée; il ne devait pas tarder à s'enfuir et à prouver ainsi la vérité des allégations contenues dans la feuille versaillaise. Protot, ce singulier ministre de la justice, était arrêté à une des portes de Paris, et reconduit par les gardes nationaux avec tous les honneurs qui lui étaient dus, dans le centre de la capitale.

Mais ce qui devait surtout éclairer les esprits, et faire présager la fin de l'insurrection, c'est le redoublement des victoires communales et les triomphes que les journaux dévoués racontaient chaque jour. On avait été forcé d'avouer implicitement que les principales défenses extérieures étaient tombées aux mains des troupes régulières, mais on se fiait à la solidité des remparts et à la nombreuse artillerie dont ils étaient garnis ; l'armée, disait-on, voyait tous ses efforts échouer devant les portes de la capitale, et puis, c'était des récits d'assauts fantastiques : on racontait que les fédérés couchés à plat ventre laissaient les Versaillais s'approcher jusqu'au pied des fossés, et que se relevant tout à coup, ils les décimaient et les mettaient en fuite par des feux de peloton nourris. On affichait des dépêches extravagantes comme celle-ci :

« Neuilly, minuit 15 minutes, cinq cents fédérés ont mis en déroute dans le bois de Boulogne plus de six mille Versaillais. »

A l'annonce de ces grandes victoires, les fédérés reprenaient confiance et se tenaient pour assurés du triomphe définitif ; le jour même de l'entrée des troupes dans Paris, l'immonde Vermesch, dans son *Père Duchêne*, poussait des cris de joie, et décernait des palmes à Dombroswki pour un grand succès qu'il venait de remporter. C'est avec de pareils mensonges que l'on entretenait l'ardeur des défenseurs de la Commune, et que l'on obtenait une prolongation de la lutte à laquelle beaucoup se seraient refusés s'ils avaient connu la vérité. D'ailleurs, les événements militaires n'avaient pas été nombreux, l'armée avait fait quelques progrès du côté des forts du Sud, et s'était emparé du moulin de Cachan. Le fait le plus important avait été l'établissement définitif des batteries de brèche et l'ouverture de leur feu le 20 mai ; le bombardement avait redoublé d'intensité ; le Mont-Valérien, les batteries de Bécon et de Gennevilliers avaient couvert de projectiles le rempart et éteint les feux de l'artillerie qui le défendait. Les fédérés furent même obligés d'évacuer la porte de Saint-Cloud et le Point-du-Jour ; ainsi il devenait inutile de battre en brèche ; nous allons bientôt voir comment les généraux en furent informés et de quelle façon ils entrèrent dans Paris.

Nous sommes enfin arrivés au dénouement fatal. La grande guerre est terminée; la guerre des rues et des barricades va commencer, l'insurrection en est réduite à ses derniers retranchements. Et cependant, elle continue à triompher, à proclamer sa victoire prochaine, elle annonce que la province arrive à son aide, mensonge ! La dernière tentative faite en sa faveur et la plus sérieuse venait d'échouer. Les délégués des conseils municipaux, atteints par la loi qui leur défend de s'occuper en aucune façon des questions politiques, n'avaient pu se réunir à Bordeaux; ils ne songèrent pas un seul instant à profiter de l'offre que leur fit Paschal Grousset qui mit le Luxembourg à leur disposition, ils durent se réfugier à Lyon, mais ils ne purent y tenir les grandes assises qu'ils avaient projetées : une réunion privée, composée d'un petit nombre de délégués, telle fut la seule manifestation qu'ils purent accomplir, ils durent se retirer chacun chez soi et renoncer à l'idée d'intervenir entre Paris et Versailles.

D'ailleurs, il était trop tard; la lutte était engagée corps à corps, et la Commune ressentait les dernières convulsions de l'agonie.

Le 22 mai, la proclamation suivante était affichée sur tous les murs de Paris :

RÉPUBLIQUE FRANÇAISE

Liberté, Égalité, Fraternité

Que les bons citoyens se lèvent !
Aux barricades ! l'ennemi est dans nos murs.
Pas d'hésitation !
En avant pour la République, pour la Commune et pour la Liberté.
Aux armes !

Paris, le 22 mai 1871.

Le Comité de salut public,

ANT. ARNAUD, BILLIORAY, EUDES, GAMBON, RANVIER.

Tous les journaux compromis dans l'insurrection publiaient également des proclamations dont quelques-unes étaient empreintes d'un caractère de violence et de sauvagerie extraordinaires. Celle du *Salut public* de Gustave Maroteau mérite d'être rapportée :

« Citoyens,

« La trahison a ouvert les portes à l'ennemi, il est dans Paris, il nous bombarde, tue nos femmes et nos enfants.

« Citoyens, l'heure suprême de la grande lutte a sonné. Demain, ce soir, le prolétariat sera retombé sous le joug ou affranchi pour l'éternité. Si Thiers est vainqueur, si l'Assemblée triomphe, vous savez la vie qui vous attend : le travail sans résultat, la misère sans trêve. Plus d'avenir! plus d'espoir! Vos enfants, que vous aviez rêvés libres resteront esclaves; les prêtres vont reprendre leur jeunesse; vos filles, que vous avez vues belles et chastes, vont rouler flétries dans les bras de ces bandits.

« Aux armes! aux armes!

« Pas de pitié; fusillez ceux qui pourraient leur tendre la main! Si vous étiez défaits, ils ne vous épargneraient point! Malheur à ceux qu'on dénoncera comme les soldats du droit; malheur à ceux qui auront de la poudre aux doigts ou de la fumée sur le visage.

« Feu! feu!

« Pressez-vous autour du drapeau rouge sur les barricades, autour du Comité de salut public. Il ne vous abandonnera pas. Nous ne vous abandonnerons pas non plus. Nous nous battrons avec vous jusqu'à la dernière cartouche, derrière le dernier pavé.

« Vive la République!

« Vive la Commune!

« Vive le Comité de salut public! »

Ces proclamations étaient datées du 22 mai, et cependant l'armée régulière était entrée dans l'enceinte de la capitale la veille à cinq heures et demie; mais Delescluze, fidèle à son système, avait dissimulé la nouvelle sinistre jusqu'au dernier moment. Cela était d'autant plus facile que la chose s'était passée sans bruit. M. Ducatel, piqueur des ponts et chaussées, avait reconnu que les insurgés avaient abandonné le Point-du-Jour et que la porte de Saint-Cloud était libre; il était monté sur le rempart agitant un drapeau blanc et invitant les gardes de tranchée à s'approcher. Le commandant Trèves s'était rendu à cet appel; quelques instants après les soldats entraient un à un dans la place et précédés par le courageux piqueur. Ce dernier fut exposé aux plus grands périls; pris par les fédérés qui voulaient le fusiller, il fut repris par les troupes régulières qui, ne le reconnaissant pas, lui auraient fait un mauvais parti si des officiers n'étaient pas intervenus. Heureusement son héroïsme ne fut pas inutile; les fédérés pris à revers abandonnèrent en toute hâte la porte de Saint-Cloud; une passerelle établie immédiatement permit de faire entrer dans la place un grand nombre de combattants. Alors les opérations commencent rapidement, et l'on profite de la panique des insurgés pour occuper le viaduc du chemin de fer de ceinture et s'emparer de la porte d'Auteuil. Le Trocadéro mal défendu est emporté presque sans résistance, et un nombre considérable de fédérés sont faits prisonniers.

Les portes s'ouvrent les unes après les autres; celle de Passy donne accès à une brigade qui tourne le château de la Muette et l'enlève vigoureusement. Dans la nuit, le général de Cissey entre par la porte de Sèvres et se prépare à envahir la rive gauche. Telles sont les opérations accomplies dans la journée du 21 mai, et cependant c'est à peine si le lendemain matin on soupçonnait l'entrée de l'armée dans Paris.

Mais la terreur d'une surprise ne dura pas longtemps, Delescluze prit bien vite les mesures nécessaires à la défense, et fit élever partout de nouvelles barricades ; les batteries de Montmartre furent tournées vers la ville et balayèrent les positions occupées par l'armée. Le maréchal Mac-Mahon, ménager du sang de ses soldats, résolut de n'agir qu'avec la plus extrême prudence. Comprenant l'impossibilité d'attaquer de face les retranchements et les barricades des fédérés, il donna ordre de s'emparer de toutes les positions voisines des remparts qui lui permettraient le lendemain de tourner les formidables défenses construites par les insurgés. C'est ainsi que le général Douay s'empara du palais de l'Industrie, de l'Élysée et du ministère de l'intérieur ; en même temps le général Clinchant se rendait maître de la gare de l'Ouest, de la caserne de la Pépinière et du collége Chaptal.

Sur la rive gauche, le général de Cissey eut pour objectifs l'École militaire, les Invalides et la gare du Montparnasse. Toutes ses opérations réussirent à merveille ; mais il était trop dangereux de s'engager dans l'intérieur de Paris tant que la formidable forteresse installée à Montmartre pourrait couvrir la capitale de ses feux. Une grande partie de la journée du 23 fut employée à l'attaque et à la prise de possession de cette terrible position ; les habiles mesures du général en chef assurèrent à l'armée un succès relativement facile et peu sanglant ; les buttes furent attaquées au Nord et à l'Ouest ; à une heure de l'après-midi le drapeau tricolore flottait sur la tour

Solferino. Cette victoire importante délivra plusieurs quartiers de Paris; les fédérés furent chassés de la place Saint-Georges, de Notre-Dame-de-Lorette, du collége Rollin, du Grand-Opéra et de la mairie du IXe arrondissement.

Sur la rive gauche, les quartiers de l'Observatoire et du Montparnasse étaient en possession des troupes qui s'avançaient jusqu'au Luxembourg. A la vigueur des coups portés par le maréchal Mac-Mahon, l'insurrection comprit qu'elle était perdue si elle ne trouvait pas un moyen d'arrêter les troupes dans leur marche victorieuse. Les barricades avaient été insuffisantes; l'incendie, un incendie immense, fut allumé dans les quatre coins de Paris. Il importe à l'histoire de bien établir à qui revient la responsabilité de cet acte sauvage et qui n'a d'autre exemple dans les temps modernes que l'incendie de Moscou, allumé celui-là par des mains barbares mais patriotiques, qui contribuèrent ainsi au renversement de la puissance napoléonienne. Pour nous, nous faisons tomber la responsabilité de cet immense désastre sur tous les membres de la Commune, non pas qu'ils y eussent tous pris part, mais comme l'a fort bien dit un commissaire du gouvernement au conseil de guerre; un plan d'ensemble avait été conçu, et les dispositions avaient été prises pour assurer son exécution. En effet, dès le milieu d'avril, nous avons vu la Commune adresser à la France un manifeste signé de tous ses membres et se terminant ainsi : « Ce combat ne peut finir que par le triomphe de l'idée communale ou *par la ruine de Paris.* »

Après cela viennent les aveux des journalistes : Rochefort conseille l'emploi de la dynamite et de la dualine. Jules Vallès, membre de la Commune, dit à M. Thiers que s'il est chimiste il comprendra pourquoi l'armée régulière n'entrera pas dans Paris. D'un autre côté, l'enquête sur Assi et son interrogatoire ne peuvent guère laisser de doutes; il a réquisitionné tout le pétrole qu'il y avait dans Paris, il a cherché à se procurer une quantité relativement considérable de sulfure de carbone; voici d'ailleurs la partie de son interrogatoire qui se rapporte à ce sujet :

M. LE PRÉSIDENT. — ...... Mais le sulfure de carbone, qu'en vouliez-vous faire ?

Assi. — Il devait servir à enduire des...

M. LE PRÉSIDENT. — Comment ! enduire ? C'est un liquide détonnant au premier chef.

Assi. — Oui, je sais, je sais, mais j'ai fait bien d'autres choses qui n'étaient point ordinaires.

Si maintenant nous ajoutons qu'Assi s'est servi d'acide prussique, fait qu'il a reconnu lui-même, on sera bien forcé de croire que les insurgés ont demandé à la chimie ses mélanges les plus violents, ses poisons les plus sûrs dans le but de se servir des uns et des autres contre les troupes de l'Assemblée.

Après cela faut-il dire qu'ils n'ont employé ces moyens que poussés par le désespoir et par les nécessités d'une défense à outrance ? A cette question nous sommes en droit de répondre hardiment : non ! Nous avons en effet déjà cité la plainte de ce capitaine qui manque de bombes à pétrole, et qui en est réduit à se servir d'allumettes pour mettre le feu aux maisons qu'il est forcé d'abandonner. En outre, il faut rappeler la réponse de ce lieutenant-colonel traduit en cour martiale et qui déclare que s'il a évacué le séminaire d'Issy, il avait l'intention d'incendier le village avec des pompes à pétrole.

En dernier lieu, est-ce bien les insurgés qui volontairement et sciemment ont mis le feu aux monuments de la capitale?

Les défenseurs trop nombreux encore de la Commune qui n'ont pas péri ou qui n'ont pas été faits prisonniers prétendent que les obus lancés par les troupes régulières sont les seuls coupables. Nous commencerons par citer les trois pièces officielles relevées dans l'acte d'accusation des dix-huit membres de la Commune ou du Comité central qui ont été traduits devant le 3e conseil de guerre de Versailles.

La première est signée de Ferré :

« Citoyen Lucay, faites de suite flamber finances et venez nous retrouver.

« Th. Ferré.

« 4 prairial an 79. »

2°. — « Incendiez le quartier de la Bourse, ne craignez pas.

« *Le lieutenant-colonel,*

« Parent. »

3°. — « Citoyens, établissez votre ligne de démarcation entre Paris et les Versaillais. Brûlez, incendiez tout ce qui est contre vous. Pas de trêve ni de découragement. Le XIe arrondissement se lancera à

votre secours sitôt que vous serez menacés. Courage !
et, si vous agissez, la République est sauvée avant
quarante-huit heures.

« *Pour le comité de la XI° légion,*
« David. »

Mais ces preuves elles-mêmes ne sont pas nécessaires pour établir l'infernale scélératesse des misérables incendiaires. Les témoins oculaires sont en assez grand nombre pour confondre les imposteurs qui retournent l'accusation contre l'armée de Versailles. N'est-ce pas au prix des plus grands efforts que l'on est parvenu à sauver Notre-Dame; le feu n'a-t-il pas été mis au pied du maître-autel, et cependant aucun obus n'avait défoncé la toiture? Le Panthéon, renfermant un véritable amas de poudres, n'était-il pas destiné à sauter? N'a-t-on pas vu les insurgés se promener dans les rues avec des tonneaux de pétrole? Veut-on des exemples précis? Plus de cinquante personnes ont vu les insurgés mettre le feu à la maison qui fait le coin de la rue Saint-Denis et de la rue Thévenot; le même sort était réservé à la boutique qui fait face, et les fédérés tirèrent nombre de coups de fusil sur le boulanger qui tardait à s'en aller et qui voulait emporter quelques objets précieux. Rue des Petites-Écuries, des gardes nationaux vinrent la veille apporter une tonne de pétrole qui devait servir à incendier plusieurs maisons; les concierges s'empressèrent de la faire disparaître. Mais il est inutile d'insister sur ces faits; les débats des conseils de guerre sont assez instructifs et la population parisienne entière a bien montré ce qu'elle pensait des incendiaires lorsqu'elle a bouché tous les soupiraux par lesquels on pouvait jeter soit du pétrole, soit des matières explosibles.

Le 24 au matin Paris était en feu : aux incendies allumées la veille sur la rive gauche, à la Légion-d'Honneur, à la Cour des Comptes et au Conseil d'État, s'ajoutaient les flammes qui sortaient des Tuileries, du Ministère des Finances et du Palais-Royal. A mesure que les troupes avancent dans cet atmosphère embrasé, de nouveaux bâtiments prennent feu ; il fallait gagner les flammes de vitesse et atteindre les monuments avant qu'ils ne fussent consumés. C'est ainsi que l'École des Beaux-Arts, l'Institut, la Monnaie, le Luxembourg et le Panthéon furent sauvés ; mais les insurgés n'en avaient pas moins allumé des foyers immenses rue de Lille, rue du Bac et au carrefour de la Croix-Rouge. Sur la rive droite, les troupes n'avaient pas marché moins vite et elles avaient emporté la place Vendôme, le Palais-Royal, la Banque et la Bourse, et de l'autre côté le square Montholon, l'église Saint-Vincent-de-Paul, la caserne de la Nouvelle-France et la porte Saint-Denis. La division Mantaudon, descendant de Montmartre, avait soutenu une lutte opiniâtre contre les fédérés, et occupé les gares du Nord et de l'Est. Cependant les insurgés avaient tracé leur ligne de démarcation par une ligne de feu ; le Palais-de-Justice, le Théâtre-Lyrique, l'Hôtel-de-Ville et la Porte-Saint-Martin flambaient, envoyant au loin des flammèches qui jetaient l'effroi dans la population et faisaient croire à un embrasement encore plus considérable.

Le lendemain 25 mai, la lutte continua, et de nouveaux incendies s'allumèrent. Delescluze avait quitté l'Hôtel-de-Ville, le laissant en proie aux flammes; l'insurrection s'était repliée, abandonnant les quartiers-généraux de ses principaux chefs; Ferré avait lui-même mis le feu à la Préfecture de police et à la Cour de cassation; tous les ministres et tous les généraux improvisés s'étaient réfugiés à la mairie du XIe arrondissement plutôt pour préparer leur fuite que pour prolonger la résistance. Ce dut être un spectacle dégoûtant que la scène qui se passa à la mairie du Prince-Eugène; ils étaient tous là, les membres de la Commune et ceux du Comité central, ceux qui avaient donné le signal de l'insurrection et qui avaient poussé dans une voie fatale une multitude égarée; ils se partagèrent les quelques milliers de francs que Jourde avait emportés, et sous prétexte de concourir à la défense générale, se réfugièrent les uns d'un côté, les autres de l'autre, cherchant leur salut plutôt dans la fuite que dans le combat. L'insurrection, nous l'avons dit, n'eut qu'un héros à l'esprit rétréci, plus fanatique que convaincu; celui-là du moins sut mourir à son poste; mais que de dégoûts et d'amères déceptions!

Arrivé le matin du 24 mai, à l'Hôtel-de-Ville, il vit une foule d'hommes ivres de vin et de sang qui remplissaient les cours et les escaliers et se contentaient de hurler et de gesticuler, au lieu de combattre : il s'assit à une table, le col de la chemise ouvert, les mains non gantées; pendant plus d'une heure, il reçut des officiers de tout grade, qui, affolés de terreur, venaient lui demander des secours. « Défendez-vous, défendez-vous ! » répétait-il sans cesse. Mais les troupes avançaient; il fallut quitter le Palais municipal. On l'incendia. Nous avons dit ce qui l'attendait au XIe arrondissement; il laissa ses collègues partir, et se trouvant seul, il descendit à la barricade se mêler aux combattants; ceux-ci à leur tou l'abandonnèrent; une fois encore il resta seul; pour le coup, il voulut mourir : il tomba frappé de plusieurs balles.

Tristes et fatales journées que ces deux journées du 24 et du 25 mai ! Les insurgés ne se contentèrent pas d'exercer leur vengeance sur des monuments ! Le sang des innocents coula aussi : deux hommes, dont les noms doivent être chargés d'une exécration éternelle, Raoul Rigault et Th. Ferré, firent procéder à l'exécution des otages. Faut-il rappeler ces massacres dont le souvenir restera longtemps gravé dans la mémoire des contemporains. A Sainte-Pélagie, c'est Gustave Chaudey qui vient ajouter son nom à la liste déjà trop longue des martyrs républicains; quelques gendarmes sont fusillés avec lui. A la Roquette, dans une cour de la prison, l'archevêque, le président Bonjean, des prélats distingués tombent sous les coups de lâches assassins qui n'ont pitié ni de l'âge, ni du talent, ni de la vertu. Faut-il raconter les scènes atroces qui se passèrent sur la place de la Roquette; on a reproché souvent à un homme d'État que tout le monde connaît de s'être servi de l'expression de « vile populace » pour qualifier une partie de la population. Maintenant nous l'avons vue à l'œuvre, cette populace lâche et sanguinaire ; nous avons entendu les successeurs de Marat et d'Hébert. Mais non ! Les massacres de la Roquette n'ont aucun rapport avec les journées de septembre : où donc sont les juges et le tribunal révolutionnaire ? Quels sont ceux que la vengeance populaire a épargnés ? Hébert rougirait d'être comparé à Vermesch, et Chaumette à Raoul Rigault ; nous n'avons en face de nous que des hommes tarés et pourris par une civilisation avancée ; Vermesch est un imposteur qui, après avoir parlé la langue de Chérubin, après avoir été un des écrivains policiers du *Figaro*, veut parler la langue des faubourgs et être fauteur de désordres. Quel est le mobile qui pousse ces hommes ? La jouissance. Ils étaient jeunes, ils avaient un certain talent ; mais il leur fallait la fortune, le luxe, des émotions fortes et des courtisanes. Alors ils se sont retirés du milieu à peu près honnête dans lequel ils vivaient ; ils ont sali leur plume, gaché leur talent ; ils se sont fait une arme du mensonge et de la violence ; ils ont demandé du sang, ils en ont fait couler, et la populace, la populace ignoble et sanguinaire a battu des mains et s'est faite l'exécuteur de leurs complots ; la populace a fui devant les soldats armés, qui arrivaient avec la vengeance, et elle a tué, massacré des vieillards, des femmes, des hommes inoffensifs et garottés. L'incendie au moins, c'était peut-être un moyen de défense ; que de généraux ont fait le vide devant eux pour laisser l'ennemi s'épuiser en vains efforts; ce n'était pas dans les mêmes circonstances, il est vrai, et les ignorants pouvaient s'y tromper. Mais pourquoi avoir tué Chaudey, fusillé Darboy et Bonjean? Quel bras poussait cette mégère qui décharge son revolver sur monseigneur Surat? Dans quel but torturer ce jeune soldat, lui bander et lui débander les yeux, le faire mettre à genoux et le faire relever, et enfin le massacrer?

Détournons les yeux de cet ignoble spectacle et suivons les progrès de l'armée libératrice :

Dans la journée du 25, le lieutenant-colonel Leperche s'emparait du fort de Montrouge et du fort de Bicêtre; les Hautes-Bruyères et Villejuif étaient enlevés par une reconnaissance de cavalerie. A l'intérieur, les troupes s'avançaient dans les quartiers du centre jusqu'aux Magasins-Réunis qui étaient emportés après un vif combat.

La journée du 25 devait être fatale pour les insurgés; retranchés aux buttes Chaumont et au Père-Lachaise, ils couvraient de projectiles les quartiers occupés par les troupes; les monuments leur servaient de point de mire, et ils s'acharnaient volontiers sur les édifices qui brûlaient encore, afin d'empêcher le travail des pompiers. Ces deux positions formidables ne pouvaient être attaquées de face; il fallait absolument les tourner; les troupes occupèrent les hauteurs qui, près des portes Saint-Gervais, de Romainville et de Ménilmontant, dominent les buttes Chaumont, le cimetière du Père-Lachaise et les barricades des boulevards extérieurs de Belleville, Ménilmontant et Charonne.

Pendant ce temps l'armée du général Vinoy chassait les insurgés de la Bastille et les refoulait jusqu'à la barrière du Trône dont les barricades résistèrent jusqu'au lendemain.

Le 27 et le 28, le maréchal Mac-Mahon termina l'ensemble des opérations par la prise de toutes les hauteurs où les insurgés s'étaient réfugiés ; les quartiers de Belleville résistèrent jusqu'au dernier moment et soutinrent la lutte, même après l'occupation du Père-Lachaise.

Le dimanche 28, à trois heures de l'après-midi, l'insurrection était définitivement vaincue ; elle n'avait plus un seul canon ; vingt mille de ses défenseurs étaient prisonniers ; dix mille étaient tués ou blessés ; des chefs, quelques-uns étaient fusillés, Delescluze, Raoul Rigault, Jacques Durand, Miot, Sérailler, Millière ; Vermorel et Dombrowski étaient blessés mortellement ; parmi les survivants, Ferré, Assi, Urbain, Billioray, Trinquet, Champy, Jourde, Régère, Lisbonne, Lullier, Rastoul, Grousset, Verdure, Ferrat, Descamps, Clément, Courbet étaient pris ou n'allaient pas tarder à être arrêtés ; un grand nombre d'officiers avaient été fusillés ; d'autres étaient transportés à Versailles pour y attendre leur jugement.

Pour nous, nous ne saurions regretter ce dénoûment ; l'insurrection du 18 mars avait été faite par la force ; elle devait succomber par la force. Mais avant de la juger dans tous ses actes et de rechercher l'influence qu'elle peut avoir sur les destinées du pays, il est bon d'examiner les décrets et les projets de décrets qu'elle mit au jour; il ne sera pas sans profit d'étudier le système économique et le système politique que la Commune entendait faire triompher. Tel est l'objet des deux chapitres qui vont suivre.

CHAPITRE III

LA COMMUNE AU POINT DE VUE SOCIALISTE

Le mot de socialisme ne rappelle aujourd'hui à l'esprit qu'une série de théories vagues et des hommes plus célèbres par l'exagération que par la profondeur de leurs doctrines. Cependant, au commencement de ce siècle, un grand mouvement philosophique s'était produit. Si, d'un côté, la réaction se faisait contre les doctrines de Locke et de Condillac; si Laromiguière et Royer-Collard empruntaient à l'école écossaise sa psychologie et préparaient l'avénement de l'éclectisme dont Victor Cousin est le principal représentant; d'un autre côté, une grande école se formait, essentiellement française et ne relevant par sa méthode que de l'antiquité. Son véritable chef est Saint-Simon.

Nous ne raconterons pas l'histoire de cet homme extraordinaire; il ne rentre pas dans notre sujet de le suivre dans sa carrière aventureuse : le philosophe seul nous intéresse. Il procède directement d'Aristote; comme lui, il ne vit pas dans la philosophie une science purement spéculative et dont l'objet n'est pas sur terre. Après avoir parcouru une infinité de pays, étudié les mœurs des différents peuples, il rentra en France pour s'occuper exclusivement des sciences positives avec les professeurs de l'École polytechnique et de l'École de médecine. Son secrétaire et principal disciple est alors Augustin Thierry. Bientôt, il se livre à de nouvelles recherches sur la réorganisation de la société européenne; il reprend en sous-œuvre l'idée de Henri IV et propose une vaste fédération républicaine. Une jeunesse intelligente et avide de nouveautés se presse autour de lui, MM. Auguste Comte, Olinde Rodrigues, J.-B. Duvergier, Bailly de Blois, Léon Halévy, Blanqui, Armand Carrel, Bazard, Enfantin, Michel Chevallier, Pierre Leroux, Charton, Émile Péreire et bien d'autres dont les noms sont devenus célèbres.

Saint-Simon termine sa vie par une série d'études sur une religion nouvelle, sur le christianisme épuré. Il mourut dans les bras de Broussais. Ses manuscrits, dont beaucoup n'avaient pu être publiés, faute d'argent, restèrent entre les mains de M. Olinde Rodrigues; ses disciples héritèrent de ses idées et voulurent en poursuivre la réalisation. Comme lui, ils prêchèrent l'abolition de tous les priviléges de naissance, la transformation de la propriété, l'éducation sociale et professionnelle, la rétribution suivant les œuvres, l'égalité de l'homme et de la femme.

Le Producteur et *le Globe* furent les deux grands

organes qui servirent à la vulgarisation des idées saint-simoniennes. Mais la désunion ne devait pas tarder à se mettre entre les disciples : les uns voulurent passer de la théorie à l'exécution, les autres reculèrent devant les conséquences.

Lorsqu'il ne s'était agi que de fonder une école, l'accord avait régné : on avait ouvert des conférences publiques où la doctrine avait été expliquée et enseignée ; on avait créé une initiation à quatre degrés. C'était comme une religion nouvelle dont les grands prêtres étaient Bazard et Enfantin.

Ils ne comprirent pas qu'il était impossible de créer une religion nouvelle, d'établir un dogme nouveau ; car l'inspiration et la foi ont diminué en raison des progrès de la science et de la raison. Or, une religion ne se peut créer avec des principes mathématiques, ou même avec des raisonnements. L'inspiration, qui est le langage de l'âme émue et transportée, et la foi, qui est la croyance à cette inspiration, sont absolument nécessaires. Mais ce que nous pouvons aujourd'hui plus que jamais, c'est changer la morale ou du moins lui faire subir les modifications que réclame une société nouvelle. Pour la religion et pour le dogme, nous ne pouvons que les mettre en oubli. Et cette révolte contre la tradition, quelque pénible qu'elle soit, serait le meilleur parti à prendre ; car il est beaucoup plus honteux de se prosterner devant ce que l'on ne connaît pas et ce que l'on sait par la raison n'exister pas, que de ne reconnaître hautement que Dieu, la patrie, l'honneur et les lois. C'est ce que ne voulut pas comprendre le

Père Enfantin. Comme Fourier, il ne reconnut d'autre mobile à l'humanité que les passions, et il s'appliqua à les satisfaire.

Ainsi, l'école saint-simonienne se ridiculisa par le genre de vie qu'elle imposa aux sectaires, et la petite société de Ménilmontant fut dissoute par arrêt de la Cour d'assises. Les disciples de Saint-Simon se séparèrent ; ils s'occupèrent, les uns de politique sociale, les autres d'économie politique, et se firent les propagateurs, chacun dans leur sphère, des idées du maître.

Concurremment avec l'école saint-simonienne fleurit l'école sociétaire: de même que Saint-Simon procédait d'Aristote, Fourier semble relever directement de Platon : c'est la même philosophie idéale et contemplative, la même recherche de l'utopie et de l'allégorie, le même amour de la fiction ; seulement Platon est spiritualiste et Fourier, avec une nature de poëte, est matérialiste. Toutes les relations sociales ont, selon lui, leur source dans le système passionnel de l'homme. Le bien et le mal n'existent pas. Le mal n'est que dans les circonstances sociales qui, au lieu de ménager aux passions humaines un essor heureux et juste, ne leur offrent le plus souvent que des voies de fraude, de lutte et d'iniquité. Il faut donc modifier le milieu social, de telle sorte qu'il favorise le jeu des passions et qu'il se prête aux mouvements de la nature humaine. Pour atteindre ce but, Fourier propose l'érection d'un monument pour toutes les fonctions industrielles et sociales de l'homme : c'est le phalanstère. Ici, nous errons dans les pays de l'imagination et de l'allégorie. Le philosophe travaille au grand œuvre, et il veut refaire sinon le monde, du moins la société. Il se nomme le grand architecte, et il prélude à son travail en renversant toutes les maisons qui forment les bourgs, les villages et les villes ; elles ne forment qu'un amas de cabanes juxtaposées sans ordre, sans unité, sans harmonie. L'homme y vit seul, malheureux et privé du bien-être dont jouissent certains individus. Prenons le palais pour exemple : il appartient à la collectivité et représente l'unité et la grandeur. Construisons à son image un immense bâtiment où les hommes vivront les uns à côté des autres, où toutes les jouissances de la vie seront rassemblées, où toutes les passions pourront se satisfaire. L'association architecturale et la combinaison unitaire de tous les éléments disjoints de la Commune formeront le phalanstère. La ville se composera d'une certaine quantité de phalanstères reliés par des jardins décorés de statues et de jets d'eaux jaillissantes, des jardins tels que le parc de Versailles, mais appartenant à la collectivité et non plus à un despote.

Dans chaque phalanstère, la vie, comme à Sparte, était en commun ; de la tour d'Ordre, située au centre, partent les signaux des mouvements et des travaux dans toutes les directions. Beaucoup de saint-simoniens, après le schisme de Bazard et d'Enfantin, se rallièrent aux doctrines de l'école sociétaire. Les disciples directs de Fourier furent V. Considérant et Cabet. Un poëte, Jean Journet, chanta ses théories.

Ces doctrines attrayantes, philosophiques et morales, étaient l'œuvre de penseurs et non d'hommes d'action ; elles indiquaient la voie où l'humanité devait marcher, plutôt qu'elles ne reformaient la société existante avec laquelle elles étaient incompatibles. Cependant, la jeunesse de cette époque, studieuse et libérale, s'éprit de ces systèmes ; beaucoup ne virent pas que les maîtres n'avaient procédé que par allégories, et ne comprirent pas que leurs doctrines étaient avant tout spéculatives.

C'est ainsi que naquit le socialisme ; toutes les idées jetées dans le monde par Saint-Simon et par Fourier trouvèrent des défenseurs qui voulurent les faire passer dans les faits. Efforts inutiles : ils arrivèrent fatalement au ridicule et à l'exagération.

Le socialisme eut un troisième maître, qui ne le cédait pas en génie aux deux autres : nous avons nommé Proudhon. Sa philosophie est abstraite et souvent difficile à comprendre ; il n'en eut que plus de disciples. D'ailleurs, ses doctrines ne sont pas plus dangereuses que celles des écoles saint-simonienne et sociétaire. Selon lui, Dieu « c'est notre propre idéal, l'essence pure de l'humanité. La morale, la justice, l'ordre, les lois ne sont plus choses révélées d'en haut, imposées à notre libre arbitre par un soi-disant créateur inconnu et inintelligible ; ce sont des choses qui nous sont propres et essentielles comme nos facultés et nos organes, comme notre chair et notre sang. Le catholicisme et le socialisme, identiques par le fonds, ne diffèrent que par la forme. »

Voilà en quelques mots le système philosophique

de Proudhon. Nous n'avons pas à le discuter ; disons simplement que le génie du philosophe ne vit que de paradoxes et qu'il n'y a rien de plus facile que de rapprocher sa doctrine de celle qu'il combat, et de montrer la concordance qui existe entre elles.

Voici maintenant comment Proudhon explique la croyance à l'autorité :

« C'est une des conceptions primogènes de notre entendement, auxquelles nous donnons à tort le nom d'idées, et qui, sans réalisation possible, n'expriment qu'un indéfini. »

Partant de là, il définit le gouvernement « un phénomène de la vie collective, la représentation externe de nos droits, l'éducation de quelqu'une de nos facultés... »

Il dit encore :

« C'est une manifestation de la spontanéité sociale, une préparation de l'humanité à un état supérieur. »

Et Proudhon conclut :

« Hors de l'humanité, point de Dieu ; hors de la liberté, point de gouvernement. »

On a souvent reproché au philosophe socialiste d'avoir dit : « La propriété, c'est le vol. »

Nous croyons qu'on a beaucoup abusé de cette citation. Il n'est pas bon de citer au hasard une phrase prise dans l'œuvre d'un écrivain, pour en faire l'expression de sa pensée.

« La propriété, dit-il, c'est la représentation allégorique d'un concept de notre intelligence... »

Et il ajoute :

« Après avoir fait la monographie de la propriété, on arrive à ce résultat : la propriété indique fonction ou attribution ; la communauté, réciprocité d'action ; l'usure, toujours décroissante, identité du travail et du capital. Pour opérer la réalisation de tous ces termes, que faut-il ? —Que les travailleurs se garantissent les uns aux autres le travail et le débouché ; à cette fin, qu'ils acceptent, comme monnaie, leurs obligations réciproques. »

Des trois grands philosophes socialistes, Proudhon est le seul révolutionnaire en apparence, mais le plus modéré en réalité. Voici, en effet, la conclusion de son œuvre :

« Réforme économique et sociale par la garantie mutuelle du crédit.—Réforme politique par la transaction des libertés individuelles. »

Si Saint-Simon, Fourier et Proudhon sont trois réformateurs de génie, leurs idées, adoptées par un grand nombre d'esprits impatients, devaient servir de prétextes à bien des violences et compromettre deux révolutions. Les sectaires se sont emparé des doctrines des maîtres et, disciples maladroits, les ont compromises par leurs exagérations. Ils ont cru qu'il suffisait de les mettre en pratique pour guérir la société des maux dont elle souffre depuis tant de siècles. Ils ont tiré des principes des conséquences extrêmes et quelquefois fausses. Ils ont fait miroiter aux yeux de la foule le phalanstère transformé en paradis, et l'Icarie devenue un pays de Cocagne. Les classes ouvrières, habituées à la souffrance et à la misère, ont ajouté foi aux promesses décevantes, et, poussées par les meneurs de tous les partis, elles n'ont pas craint d'avoir recours à l'insurrection pour assurer le triomphe de systèmes utopiques, créations d'imaginations ardentes, et qu'on voudrait faire entrer dans le domaine de la réalité. Nous avons vu des hommes inconnus et sans caractère parcourir les réunions publiques, et, nouveaux prophètes, exalter des doctrines qu'ils connaissaient à peine et qu'ils étaient incapables de comprendre. Ils firent, dans les derniers jours de l'Empire, une propagande active, afin de recueillir l'héritage de la souveraineté qui se retirait des Bonaparte.

Qui n'a entendu rivaliser d'audace et de violences les Millière, les Briosne, les Lefrançais, les Amouroux, les Peyrouton et tant d'autres que nous avons retrouvés pendant le règne de la Commune, recueillant les fruits de leur popularité tapageuse?...

Que d'absurdités ont été déclamées dans les clubs au nom des trois grands génies qui, en étudiant les misères sociales, avaient eu en vue de réformer, et non pas de détruire, de ramener la société au juste et au bien, et non de la révolutionner et de la jeter dans les aventures?

Donc, ces gens sont arrivés au pouvoir, et sur ce qu'ils appellent leur drapeau, ils ont écrit : « République démocratique et sociale. »

Nous ne voulons pas rechercher quel sens il faut donner à ce dernier mot, ou même s'il en a un. Mais au moins croira-t-on que le triomphe de la Commune était l'avénement du socialisme, non pas de telle ou telle de ces théories sur lesquelles nous venons de jeter un rapide coup d'œil, mais de cette idée si large et si étrangement élastique : le progrès ou l'amélioration du sort des classes ouvrières. En maintes circonstances, nous avons entendu des représentants autorisés de socialisme exposer leurs principes, leurs aspirations, nous dire quelle serait leur conduite si jamais l'heure de la victoire sonnait pour eux. Eh bien ! si, pour nous, le premier remède à toutes nos misères sociales était la liberté, partant le système républicain, qui seul peut l'assurer, pour eux, au contraire, le régime politique était indifférent. J'en ai vu qui, poussés dans leurs derniers retranchements, finirent par avouer qu'ils préféreraient l'Empire à la République, si celui-ci appliquait ou laissait appliquer leurs théories, et si celle-là les repoussait et les condamnait, comme elle avait fait en 1848.

Quoiqu'il en soit, l'insurrection du 18 mars amenait au pouvoir les apôtres des diverses sectes socialistes ; elle leur livrait Paris tout entier et ses innombrables ressources : à coup sûr, ils vont en profiter pour appliquer, ou du moins pour mettre à l'étude, ces théories qu'ils ont prêchées dans les réunions publiques, et au nom desquelles ils ont entraîné la population ouvrière. Il n'en fut rien. Commençant par mentir à leur programme, ils ont cherché à créer une nouvelle institution politique. Sous prétexte de réclamer des franchises municipales, ils ont renouvelé la Commune de 1793.

Tristes imitateurs d'une époque qu'ils ne comprennent ou ne veulent pas comprendre, ils organisent une commission exécutive, un Comité de sûreté générale, un tribunal révolutionnaire ; ils saisissent une arme qui avait été forgée contre l'étranger, et veulent s'en servir contre la nation entière. Entraînés par la logique irrésistible des principes, s'ils ne frappent pas le socialisme, comme le firent la Commune, Robespierre, Saint-Just et Couthon, ces hommes dont ils prétendent être les successeurs, du moins ils l'oublient et le rejettent loin d'eux, comme une de ces machines de théâtre usées que l'on renferme dans le magasin des accessoires et des vieux trucs. Pouvons-nous considérer comme une mesure socialiste le décret qui décharge les locataires de quatre termes de loyer ? C'est un don de joyeux avénement offert aux prétoriens de l'émeute ; l'Assemblée nationale était chiche de libéralités qu'il fallait faire après tout aux dépens des propriétaires. D'un autre côté, si le siége avait compromis bien des positions, accru bien des misères, il n'avait pas atteint certaines fortunes et certains commerces. Enfin, la propriété foncière est un capital, et si elle devait supporter une partie des charges de la guerre, on ne pouvait, on ne devait pas lui en faire porter tout le poids.

Les dictateurs de l'Hôtel-de-Ville ne voulurent pas entrer dans toutes ces considérations, examiner les objections qu'ils auraient été incapables de résoudre. Heureux de trouver une occasion de frapper le capital, ils en profitèrent et adoptèrent la mesure radicale et commode d'exonérer les locataires de tous les termes qu'ils devaient. C'était un heureux début et qui promettait.

En même temps que la loi sur les loyers, la loi sur les échéances avait vivement préoccupé l'opinion publique. Sur ce sujet, la Commune se montra de moins bonne disposition. Les hommes qui la composaient avaient bien su critiquer l'œuvre de M. Dufaure, mais ils étaient incapables de rien produire ; aussi hésitaient-ils longtemps, et ils ne trouvèrent que fort tard une solution. Elle était beaucoup plus libérale que celle trouvée par l'Assemblée, mais elle n'était pas empreinte du même caractère de radicalisme que le décret sur les loyers.

La Commune n'avait pas le même intérêt à gagner les classes bourgeoises que les classes ouvrières. Elle connaissait l'opposition que lui faisaient les premières, et elle ne pouvait attendre d'elles aucun espèce de secours. Un délai de trois années était accordé aux débiteurs pour acquitter leurs dettes. De même que plus haut on avait frappé le capital, on lui portait un nouveau coup en décidant que les sommes dues ne seraient pas productives d'intérêts.

Ce décret était loin d'avoir la même importance que le premier. Le commerce avait, en effet, complétement cessé, et toutes les transactions étaient suspendues ; nombre de magasins étaient fermés, et ceux qui les occupaient avaient fui le séjour de la capitale. Beaucoup d'individus profitèrent de la loi sur les loyers pour quitter la maison qu'ils occupaient, en emportant leurs meubles et en ne payant rien de ce qu'ils devaient. C'est là du communisme et du plus mauvais ; cela ressemble volontiers à une escroquerie dont les auteurs sont passibles de la police correctionnelle.

Mais revenons à un autre ordre d'idées et à la création d'une commission d'échange et de travail, dont nous aurions probablement toujours ignoré l'existence, sans un placard apposé sur tous les murs de Paris.

Dans chaque mairie un registre était ouvert où devaient se faire inscrire d'un côté les ouvriers sans travail, de l'autre les patrons sans ouvriers. L'ouvrier devra dire quels sont ses besoins et quelle somme de travail il entend donner à celui qui réclamera ses services; en regard le patron inscrira quels avantages sociaux il procurera à son employé.

Un système semblable, s'il est autre chose qu'un mensonge ou que l'emploi trompeur de paraphrases, est absurde et ridicule. Par avantages sociaux, je ne peux entendre que les salaires, et je ne vois pas la relation qui existe aux yeux du patron, entre les besoins de l'ouvrier et la somme de travail que ce dernier veut lui donner. Si vous voulez mettre en rapport le travail, les besoins de l'ouvrier et le salaire, vous arriverez à des résultats tellement contradictoires, que vous serez forcés de publier des tables de proportion auxquelles devront se conformer patrons et ouvriers.

Je ne sais sur quelles bases vous les rédigerez, si elles seront acceptées par les deux parties intéressées; mais si vous ne le faites pas, vous reconnaîtrez avec moi que votre système est une infâme duperie destinée à tromper la classe ouvrière sur vos actes et vos intentions; qu'il n'est, en réalité, autre chose que l'imitation exacte de ce qu'avaient fait les maires des divers arrondissements de Paris, sous le gouvernement du 4 septembre; et enfin que le socialisme n'a été dans vos mains qu'une arme de combat et non pas une idée dont vous cherchiez la réalisation et le triomphe.

Un mot encore sur ce sujet. La Commune, renfermée dans Paris, pressée de tous côtés par les troupes de Versailles, a cru devoir adresser à la France un manifeste pour l'engager à se joindre à elle. Son programme politique et économique se résume dans ces deux mots : Fédéralisation et universalisation de la propriété. Laissons le premier pour ne nous occuper que du second.

Comme l'a fort justement fait remarquer M. Henri Martin dans une lettre adressée au rédacteur en chef du *Siècle*, cette idée d'universaliser la propriété est fort vague et peut prêter à des interprétations différentes. Nous voudrions croire que la Commune a entendu promettre à tous les individus la faculté de posséder; mais nous ne voyons pas ce qu'il y a de bien nouveau dans cette promesse. Il est avéré que tout le monde, en France, depuis 1789, est apte à devenir propriétaire, et il n'y a pas, que je sache, de loi qui soit venue mettre une limite à l'expression de ce droit imprescriptible. Faut-il donc comprendre, en suivant le sens littéral des mots, que la Commune de Paris promet à tous les citoyens de les rendre propriétaires en faisant de la masse des biens un tout homogène dont personne ne pourrait se dire le maître et dont chacun aurait une part indivise.

Ici nous rencontrons une idée véritablement socialiste ; mais nous demanderons aux gens qui font de semblables promesses quels moyens ils comptent employer pour les réaliser, si même ils pensent que l'exécution en soit possible.

Quiconque est de bonne foi devra reconnaître que ce système, absurde en théorie, est impraticable en fait, et nous serons alors en droit de dire aux hommes qui composent la Commune, qu'en faisant de semblables promesses, ils excitent les passions mauvaises et cherchent à entraîner par l'appât de récompenses honteuses et impossibles les esprits ambitieux et les âmes faibles. Cependant, la création d'une commission d'échange, l'ouverture dans les mairies de registres contenant les offres et les demandes de travail, ne pouvaient passer aux yeux du parti socialiste pour une satisfaction sérieuse donnée à ses aspirations.

La Commune résolut de faire plus, et à partir du 15 avril, nous la voyons mettre à l'étude certaines questions économiques qu'elle résout bientôt sous forme de décret. Le 16 avril parut, à l'*Officiel* de Paris, un décret qui ordonne la formation d'une commission d'enquête chargée de dresser une statistique des ateliers abandonnés avec l'inventaire des instruments de travail, et en général de tous les objets qui s'y trouvent renfermés. La commission doit, en outre, présenter un rapport établissant les conditions pratiques de la prompte mise en exploitation de ces ateliers, non plus par les déserteurs qui les ont abandonnés, mais par l'association coopérative des travailleurs qui y étaient employés. Ajoutez à cela l'élaboration d'un projet de constitution de ces sociétés coopératives ouvrières, et enfin la création d'un jury arbitral qui devra statuer, au retour des patrons, sur les conditions de la cession définitive des ateliers et sur la quotité de l'indemnité qu'auront à payer les sociétés aux patrons.

Ce décret nous explique de quelle façon la Commune entend réaliser le programme économique de ceux qui ont professé le système de l'association comme solution de la question sociale. Loin de nous la pensée de combattre ce système éminemment libéral; nous ne savons s'il peut trancher les controverses élevées depuis vingt ans au sujet du prolétariat et du salaire. Né de la liberté, il ne peut vivre que par elle; étendu, non pas seulement aux classes ouvrières, mais encore aux populations rurales, il rattacherait peut-être aux idées républicaines une masse considérable d'individus qui, jusqu'à présent, se montrent peu disposés à les accueillir. Quoiqu'il en soit, la première difficulté dans l'application du système, c'est de procurer aux travailleurs le capital nécessaire, si peu considérable qu'il soit. La Commune tranche la question en dépouillant les patrons. Il y a là tout à la fois une injustice et un vol.

En effet, subordonnant la solution du problème à une question politique, vous ne frappez que les patrons qui ont abandonné Paris pour échapper à votre dictature. En les dépouillant, vous les punissez de vous avoir refusé leur concours. Votre décret n'est donc pas *social*, comme vous voudriez le faire croire, mais bien politique; il n'est pas fait pour venir en aide aux travailleurs, dont *l'existence est compromise*, dites-vous. Vous feignez d'ignorer que si les ateliers sont vides, c'est parce que l'insurrection du 18 mars a arrêté l'essor du travail, parce que vous envoyez tous les jours au feu des milliers d'ouvriers dont l'existence n'est pas compromise, mais bien sacrifiée par vous à la satisfaction de votre ambition et de vos passions haineuses. Mais examinons d'un peu plus près votre décret.

Vous chargez les chambres syndicales de nommer une commission d'enquête; celle-ci établira la statistique des ateliers abandonnés, dressera un inventaire de l'état dans lequel ils se trouvent, rédigera un rapport sur la façon de les mettre immédiatement en exploitation, y installer des associations coopératives.

Jusque-là, rien de plus facile; mais il vous faut un projet de constitution de ces sociétés coopératives. Vous avouez ainsi votre ignorance des institutions que vous imposez. Eh quoi! vous décrétez la spoliation des patrons, vous les remplacez par leurs ouvriers, et vous ne savez pas quelle forme constitutionnelle vous allez donner à ces sociétés nouvelles. D'un trait de plume, vous changez les conditions ordinaires du travail; vous savez démolir, mais quand il s'agit de reconstruire, vous êtes complétement incapables. Et plus loin, vous chargez votre commission d'enquête de nommer un jury arbitral qui devra statuer, au retour des patrons, sur les conditions de la cession définitive des ateliers aux sociétés ouvrières et sur la quotité de l'indemnité qu'auront à payer les sociétés aux patrons.

Est-il possible de se tromper plus sciemment sur la valeur des mots, et d'appeler arbitral un jury nommé par une des deux parties intéressées à l'exclusion de l'autre. Quelle garantie offriront au patron des hommes choisis par ceux-là même qui ont été chargés de les dépouiller? Du reste, la Commune se charge elle-même de nous apprendre dans quel esprit devront être faites toutes ces opérations : le projet de décret devra *donner satisfaction aux intérêts de la Commune et des travailleurs*. Rien de plus clair, si ce n'est peut-être que nous devrions rechercher quels sont les intérêts que la Commune peut avoir dans cette affaire; faudrait-il, par hasard, entendre qu'une part des dépouilles du patron doive être réservée à la Commune? Nous ne voudrions pas le croire, si nombre d'actes précédents et l'explication grammaticale des mots ne semblait nous y autoriser.

Une fois la Commune lancée dans la voie que nous venons d'indiquer, elle ne pouvait plus s'arrêter; non contente d'avoir dépouillé certains patrons, elle va, par un nouveau décret, en date du 29 avril, intervenir entre les patrons et les employés. L'article 1er nous donnera l'esprit entier du décret :

« Aucune administration privée ou publique ne pourra imposer des amendes ou des retenues aux employés, aux ouvriers, dont les appointements convenus d'avance doivent être intégralement soldés. »

S'il ne s'agissait que des administrations publiques, peut-être reconnaîtrions-nous à la Commune le droit d'intervenir et de surveiller les agissements des employés supérieurs ; mais nous ne pouvons admettre qu'il en soit de même pour les établissements particuliers. Sans invoquer la liberté commerciale ou industrielle, il est bien évident que vous portez atteinte au principe de l'offre et de la demande. Lorsque l'employé entre dans une maison, il doit en connaître la réglementation ; n'est-il pas libre alors d'accepter ou de refuser l'offre qui lui est faite, et, plus tard, ne peut-il pas toujours abandonner l'établissement si la règle lui semble trop dure ? J'admets encore que par un système quelconque, comme par celui des amendes, le patron arrive à exercer sur ses employés une pression vexatoire, mais insuffisante pour leur faire quitter la maison ; personne ne pourrait contester que dans certains établissements il ne faille une sanction aux prescriptions de l'autorité. Il y a des entreprises commerciales ou industrielles qui demandent une extrême régularité ; si l'on ne peut renvoyer un employé pour avoir manqué à cette ponctualité, du moins a-t-on le droit de lui infliger une peine effective qui le rappelle au sentiment de ses devoirs. Or, pour remplacer le système des amendes, que propose la Commune ? Rien. Ici, comme plus haut, elle détruit ce qui existe, mais elle ne songe pas à le remplacer.

D'ailleurs, il ne faut pas s'y tromper, la Commune

recherche avant tout la popularité ; peu lui importe de sacrifier les intérêts de telle ou telle classe d'individus, pourvu qu'elle passe pour favoriser l'ouvrier. Dans ce but, elle rendra des décrets injustes, comme celui sur les ateliers abandonnés ; inapplicables, comme celui sur les amendes ; ridicules, comme celui sur les boulangers, que nous allons examiner.

La Commune, prenant en considération la situation des ouvriers boulangers, défend, par un décret, le travail de nuit dans les boulangeries. Comme sanction, elle prononce la confiscation, au profit des pauvres, des pains fabriqués en contravention, c'est-à-dire pendant la nuit.

Ici encore nous nous trouvons en face d'une intervention injuste, non-seulement entre le patron et l'ouvrier, mais encore entre le vendeur et le consommateur. De temps immémorial, celui qui se fait ouvrier boulanger, sait parfaitement qu'il s'astreint à un travail nocturne. D'ailleurs, combien y a-t-il d'industries, à Paris, qui ne s'exercent que la nuit. Nous citerons le chiffonnier et le vidangeur. Mais ils ne sont pas les seuls ; presque tous ceux qui s'occupent du service de l'alimentation publique sont obligés de travailler la nuit : le boucher va à l'abattoir de très-grand matin ; les maraîchers, les marchands de lait passent la nuit sur les routes ou bien aux halles centrales. Qui ne sait pas que de minuit à neuf heures du matin, les halles servent de rendez-vous à une population innombrable qui couvre tout un quartier de Paris et qui se livre à des transactions de toutes sortes. Pourquoi la Commune n'intervientelle pas et ne fait-elle pas fermer les halles la nuit, en prononçant la confiscation de toutes les marchandises ?

Ce serait là une mesure véritablement socialiste, selon l'expression du citoyen Frankel, délégué à la commission de travail et d'échange. Mais, en réalité, ne serait-ce pas absurde et ne serait-ce pas condamner les habitants à s'approvisionner la nuit, si les marchands venaient à la halle dans le jour ? En ne s'attaquant qu'à une des nombreuses industries nocturnes qui existent dans Paris, la Commune n'apportait pas à la consommation un trop grand dérangement ; elle condamnait seulement les habitants de Paris à manger du pain rassis, et portait une atteinte grave aux intérêts des patrons boulangers. D'ailleurs des décrets semblables sont inexécutables ; par leur rigueur même, ils excitent à la violation de la loi et créent dans la population une sourde colère, que ne peut racheter le soulagement apporté aux ouvriers. Ceux-ci, d'ailleurs, finiraient par être les victimes de semblables mesures ; car si les patrons sont lésés, les ouvriers doivent toujours s'en ressentir.

Peut-être va-t-on dire que le boulanger ne souffrira aucun dommage appréciable de ce changement dans les heures du travail, attendu que la mesure étant applicable à tous, il n'aura pas à craindre de concurrence et ne pourra, comme les autres, livrer que du pain rassis. Outre la question de fraude que nous ne voulons pas aborder, il y a une question de fait que nous demandons la permission de traiter : pour quiconque connaît la profession du boulanger, il est bien clair que le bénéfice réalisé sur la vente du pain est très minime. Les boulangers riches sont ceux dont les maisons de vente se trouvent dans les quartiers habités par l'aristocratie; ils vendent en effet beaucoup de ces pains qu'on appelle *pains de fantaisie*, et pour lesquels le poids n'est ni exigé ni exigible. Sur toutes les autres qualités de pains, le boulanger est tenu de fournir le poids exact. Or, les ménagères ont l'habitude de faire leurs provisions dans la matinée; elles achètent donc forcément du pain, sinon chaud, du moins très-frais; dans ces conditions, le pain pèse beaucoup plus lourd que s'il était rassis; la différence de poids est presque le seul bénéfice du vendeur. Par votre décret donc ou bien vous allez forcer les boulangers à vendre le pain plus cher, et alors vous nuirez à la partie la plus pauvre des consommateurs, ou bien vous amènerez le patron à diminuer le salaire de ses ouvriers, et le but que vous croyez avoir atteint par votre décret est manqué; vous aurez même fait tout le contraire de ce que vous voulez faire. Mais il n'est pas difficile de voir avec quelle ignorance des faits et quelle légèreté de conscience vous traitez et résolvez ce que vous appelez les questions sociales; vos discussions publiques et vos décrets eux-mêmes en sont une preuve éclatante.

Il nous reste maintenant à étudier l'œuvre capitale de la Commune dans le sens socialiste, le rapport qu'elle se fit adresser sur le Mont-de-Piété et le décret qui suivit. Nous avons déjà vu que la Commune, imitant le gouvernement du 4 septembre, avait fait ouvrir dans les mairies un registre où l'on devait inscrire en regard les offres et les demandes des patrons, les offres et les demandes des ouvriers. Le Gouvernement de la défense nationale, pour venir en aide aux nombreuses misères du siége, avait ordonné le dégagement gratuit dans tous les monts-de-piétés des objets de première nécessité tels que la literie. C'était une libéralité faite aux nécessiteux et qui ne devait pas servir de précédent. La Commune, jalouse de rivaliser avec les hommes qu'elle venait de renverser, se fit adresser un rapport sur l'existence du Mont-de-Piété et sur la façon dont cet établissement devait être envisagé au point de vue socialiste.

Commençons par examiner ce rapport article par article, il est intitulé : *Rapport de la commission du travail et de l'échange sur la liquidation des monts-de-piété;* il a pour sommaire : *Liquidation des monts-de-piété, leur situation économique, leur valeur morale. Appréciations sur les services qu'ils rendent aux travailleurs.*

§ Ier. — *Comme toutes les institutions financières établies sous la monarchie, les monts-de-piété sont un monopole. A ce titre, l'intervention de la Commune est nécessaire.*

Votre premier grief contre le Mont-de-Piété vient de ce qu'il a été établi par la monarchie; vous semblez dire que toutes les institutions créées sous l'empire ou sous la royauté sont mauvaises et doivent être supprimées parce que nécessairement elles sont un monopole. Une fois ce mot lâché, il semble que la conviction doive être faite dans les esprits; il n'en est rien. Il y a bien évidemment des monopoles injustes et abusifs, et ils sont nombreux ; mais d'un autre côté, il y a des monopoles qui offrent un caractère incontestable d'utilité publique et générale; à ce titre ils doivent être conservés, telles sont la poste et la télégraphie qui ne sauraient sans inconvénient être mises dans les mains des particuliers; la raison en est facile à donner. Ces deux services qui profitent à tout le monde doivent réunir une foule de conditions qu'il serait difficile de rencontrer chez des particuliers; tous deux ils demandent une régularité invariable et une sûreté absolue; sous le rapport financier, ils exigent un matériel considérable et des garanties extrêmement sérieuses de solvabilité. Dépositaires des secrets, des intérêts, souvent même de la fortune du public, ils cesseraient de l'être du jour où la confiance ferait défaut à l'administration qui en est chargée. En dernier lieu, il est nécessaire que ces services soient mis à la portée de tous, c'est-à-dire que l'on puisse les employer à très-bon marché. En bonne conscience, quelle serait la compagnie, quel serait l'individu qui pourrait offrir, sous tous les rapports, des garanties aussi complètes que l'État? S'il n'y en a pas, ces monopoles doivent être conservés. Le Mont-de-Piété rentre-t-il dans la catégorie de ces monopoles? Cette question posée, voyons comment vous allez la résoudre.

§ II. — *Les monts-de-piété se classifient eux-mêmes dans l'ordre des administrations de bienfaisance; ils ont une corrélation intime avec les bureaux de bienfai-*

sance, *l'administration des hospices, les caisses d'épargnes, la Société du prince impérial. Ces cinq organes de la charité publique font entre eux des virements de fonds journaliers.*

Cette corrélation intime, ces virements de fonds que la commission d'échange nous présente sous un jour si ténébreux n'ont rien que de fort naturel. Ces établissements dont on se plait à faire le dénombrement sont tous dans la main de l'État, et s'ils font des virements entre eux il n'y a rien de moins étonnant, car, après tout, les sommes dont ils disposent sont dans les mains du gouvernement quel qu'il soit, et il peut arriver chaque jour que le surplus de telle caisse soit versé dans telle autre pour couvrir un déficit. Le nom de la Société du prince impérial que vous introduisez dans votre nomenclature n'est mis là que pour inspirer une sainte horreur contre l'institution que vous allez détruire. Mais personne n'ignore que les dynasties peuvent passer sans que pour cela les monuments où elles ont inscrit leur nom passent avec elles. Nous avions hier l'Imprimerie impériale, aujourd'hui nous avons l'Imprimerie nationale, et le nom qu'elle portait tout d'abord n'est pas une raison pour que l'on détruise l'établissement. De même si la Société du prince impérial est une véritable institution de bienfaisance, on peut changer le nom sans supprimer la Société. La prévention que vous voulez inspirer ainsi contre les monts-de-piété est injuste et ridicule à la fois; mais allons plus loin.

§ III. — *Les opérations financières du Mont-de-*

Piété sont les suivantes : il emprunte au moyen de billets au porteur ou de billets à ordre à raison de 3 p. 100 d'intérêts en moyenne; ces emprunts proviennent, pour la plupart, des dépositaires à la Caisse d'épargne. Les bénéfices résultant de la balance des opérations sont attribués à l'administration des hospices, dont les propriétés foncières sont hypothéquées du montant des billets souscrits. — La garantie effective des avances au Mont-de-Piété est donc basée sur des propriétés appartenant à l'État.

Le mécanisme de l'institution est bien tel que vous l'exposez, mais il n'a rien en soi que l'on ne doive approuver. Les capitaux prêtés au Mont-de-Piété sont fournis le plus souvent par les dépositaires de la Caisse d'épargne, c'est-à-dire par la classe pauvre et laborieuse qui sait faire des économies. Elle trouve ainsi un placement à peu près sûr, puisque le montant des billets souscrits est hypothéqué sur les propriétés foncières des hospices. Il n'y a donc rien de plus démocratique qu'une institution semblable, et nous sommes de l'avis d'un publiciste qui a dit : « Nous comprendrions que si les socialistes venaient à faire un 18 mars à Londres, ils n'eussent rien de plus pressé que d'instituer des Monts-de-Piété. » Et en effet, dans ce paragraphe où vous nous exposez les opérations financières du Mont-de-Piété nous ne voyons rien que de très-légitime, et nous n'avons que des éloges à donner à ceux qui ont créé cet établissement; vous-mêmes vous n'avez aucun grief à faire valoir, et plus loin vous ne vous attaquez qu'au fonctionnement du mécanisme. Voyons jusqu'à quel point vos reproches sont fondés.

§ IV. — *En 1869, les bénéfices ont été de 784,737 francs 53 cent. Il résulte du compte administratif de 1869 que les droits perçus en moyenne par le Mont-de-Piété auraient été de 6 p. 100 ; mais les droits indiqués aux reconnaissances s'élèvent à 12 ou 14 p. 100. Il s'ensuit que le rapport, pour des motifs qu'il nous a été impossible de connaître, est muet sur une partie des opérations.*

Nous n'avons aucun moyen de contrôler l'assertion des rédacteurs du rapport communal. Ils ont eu entre les mains tous les documents nécessaires pour percer le mystère qu'ils nous font pressentir ; il nous semble qu'étant donné le chiffre des affaires faites par le Mont-de-Piété, le montant des frais généraux et le bénéfice réalisé, il n'est rien de plus facile que de savoir à quel taux ont été prêtées ces sommes dont l'ensemble est contenu dans le rapport administratif. Vous dites qu'il résulte de l'ensemble de ces opérations que le taux de l'intérêt est en moyenne de 6 p. 100, tandis que les droits indiqués aux reconnaissances s'élèvent à 12 ou 14 p. 100 ; mais alors calculez le bénéfice que vous devez trouver sur les sommes totales prêtées par le Mont-de-Piété, et si vous ne voyez pas où est passé ce bénéfice, formulez une accusation ; c'est la seule façon régulière de procéder. Autrement, nous ne pouvons ajouter aucune créance aux faits que vous avancez ; on vous donne tous les éléments d'un problème qu'un enfant de quinze ans saurait résoudre, et faute de pouvoir trouver la solution vous jetez le soupçon non pas sur tel ou tel qui pourrait vous répondre par une leçon d'arithmétique, mais sur une institution, sur le Mont-de-Piété.

D'ailleurs, quelles sont ces reconnaissances dont vous nous parlez? Émanent-elles de la maison centrale ou des bureaux auxiliaires dirigés par des commissionnaires qui perçoivent des droits particuliers? Savez-vous en outre que le Mont-de-Piété ne se contente pas de faire payer l'intérêt de l'argent qu'il avance, mais qu'il prend en outre des droits d'emmagasinage et autres? Avez-vous tenu compte de tous ces éléments dans le calcul qui vous donne le taux de 6 p. 100, et au contraire ne les avez-vous pas fait entrer en ligne dans le calcul qui produit, ditez-vous, de 12 à 14 p. 100?

Nous ne savons que répondre à toutes ces questions; mais avouez que votre rapport, outre qu'il est mal rédigé, est encore incomplet puisqu'il ne permet pas à un esprit impartial de contrôler vos opérations et vos calculs pour les combattre ou les approuver.

§ V. — *Donc, cette administration agissant sous une sorte de commandite des hospices, n'alloue que 3 p. 100 d'intérêt aux prêteurs; mais afin de laisser un alea pour les bénéfices des commanditaires, l'administration frappe les prêts de droits divers, afin de diminuer d'autant le prélèvement des frais généraux. — Dans ces frais généraux, ne figurent pas, bien entendu, les loyers des locaux qui sont à la charge de l'État.*

Nous n'aurions rien à dire sur ce paragraphe, si nous ne voulions en profiter pour montrer au lecteur de quelle façon est rédigé le rapport. Sans nous arrêter aux passages où le citoyen Frankel montre combien il est dangereux pour la grammaire d'admettre des étrangers aux charges publiques, recherchons quel sens il faut donner à cette dernière phrase :

« Dans ces frais généraux, ne figurent pas, bien entendu, les loyers des locaux qui sont à la charge de l'État. »

Une personne qui ne connaîtrait pas l'organisation du Mont-de-Piété croirait que les bâtiments sont loués et que les termes en sont payés par l'État; eh bien, le monument de la rue des Blancs-Manteaux appartient à la Ville, et celle-ci le concède gratuitement à l'administration. Nous n'attachons pas à ces fautes de rédaction une bien grande importance, mais elles démontrent surabondamment l'ignorance de ces gens qui veulent s'occuper des affaires publiques et qui ne savent même pas exprimer leur pensée.

§ VI. — *Les billets à ordre et les billets au porteur sont, pour la plupart, souscrits au profit d'une classe très-modeste, la même absolument qui crédite la Caisse d'épargne. — La confiance sans limite qu'inspire l'administration du Mont-de-Piété explique ce placement à intérêts modiques. — Les intérêts ne forment donc qu'une très faible partie des frais généraux qui, dans l'organisation complète de cette institution, atteignent un taux scandaleux; les appointements des divers employés s'élèvent à environ 960,000 francs par an.*

Les rédacteurs du rapport semblent prendre en

commisération cette classe très modeste qui prête son argent au Mont-de-Piété ; ils la plaignent de ne recevoir que 3 p. 100 d'intérêt, et expliquent son empressement à apporter ses fonds par la confiance sans limite qu'inspire l'administration.

Nous ne croyons pas qu'il y ait là un reproche à l'adresse du Mont-de-Piété ; bien au contraire : les entreprises financières de toute sorte ont été la cause de la ruine de tant de gens, les Sociétés commerciales ou industrielles ont jeté sur le marché tant de valeurs mauvaises, que l'on conçoit facilement l'affluence de ceux qui sont venus prêter leur argent à un établissement capable d'inspirer une confiance sans limite, comme le dit le rapport. Les intérêts sont modiques, il est vrai, mais le capital ne court aucun risque, étant garanti par une hypothèque sérieuse. Mais vous venez nous dire que ces intérêts ne forment qu'une très faible partie des frais généraux, qui, dites-vous, atteignent un *taux* scandaleux. Si nous vous comprenons bien, vous cherchez à insinuer que des sommes considérables trouvent un emploi mystérieux compris dans cette dénomination fort vague de frais généraux.

Pour prouver que vous n'avancez pas une calomnie, vous nous dites que les appointements des divers employés s'élèvent à 960,000 francs par an. Nous vous croyons volontiers ; mais l'exemple même que vous nous citez explique l'élévation des frais généraux, et ne nous fait nullement apercevoir le scandale que vous nous dénoncez. Si vous aviez étudié le mécanisme administratif du Mont-de-Piété, vous auriez facilement compris le travail énorme qu'exige l'examen, le transport, l'emmagasinage, le classement, le dégagement, la vente de tous les objets qui incessamment sont confiés et retirés au Mont-de-Piété ; ajoutez à tout cela les opérations financières de chaque jour, et peut-être alors pourrez-vous vous rendre compte du nombre considérable d'employés que nécessite un pareil travail.

D'ailleurs, et en fin de compte, nous admettrons, si vous voulez, que les frais généraux soient excessifs ; il y aurait alors lieu à réformation, mais ce ne pourrait pas être une raison suffisante pour détruire un établissement d'utilité publique.

§ VII. — *L'État, régularisant les prêts sur gages avec prélèvement d'intérêts, a, par son approbation, sanctionné ces opérations usuraires, quels qu'en soient la forme ou le mobile.*

Nous voici donc enfin arrivé à une accusation capitale ; vous blâmez et répudiez le prêt sur gages, et vous condamnez l'État pour l'avoir régularisé. Nous voulons croire que votre intention n'est pas de rendre libre le prêt sur gages ; car vous arriveriez alors à créer, ou du moins à propager un commerce qui est la honte des Sociétés dans lesquelles il existe ; vous n'êtes pas sans savoir que ni lois, ni décrets, ni arrêtés, ne pourraient atteindre celui qui prêterait à des taux exorbitants ; la preuve, c'est qu'il existe encore à Paris et dans certaines campagnes quantité d'usuriers qui exploitent, les uns la jeunesse avide de plaisirs, les autres le paysan qu'une mauvaise année empêche de payer le prix de sa ferme ; eh bien !

ces individus ne comparaissent que rarement devant les tribunaux ; dans certains endroits, il s'en trouve qui notoirement doivent leur fortune à ce trafic scandaleux, et qui cependant ont su toute leur vie échapper aux peines édictées par la loi.

Ce n'est pas cela que vous voulez, vous préférez interdire absolument le prêt sur gages ; mais alors vous arriverez au même résultat que si vous le rendiez libre. Il y aura, tant que la Société existera, des individus qui auront besoin d'argent, soit pour satisfaire leurs passions, soit pour faire face à des besoins légitimes. S'ils n'offrent par eux-mêmes aucune garantie sérieuse de paiement, il faudra qu'ils fournissent des gages, et il ne manquera pas d'individus qui, séduits par l'appât du gain, prêteront, en les acceptant, la somme demandée. Dans ces conditions, n'est-il pas juste que la loi intervienne, et peut-on blâmer l'État d'ouvrir un établissement où l'on ne reçoit, qu'après un contrôle sérieux, les objets contre lesquels on échange de l'argent ?

Les transactions qui interviennent ainsi entre l'emprunteur et l'administration du Mont-de-Piété prennent le caractère d'un véritable contrat dont les clauses sont connues par avance du public, et auquel chacun peut refuser de s'astreindre. Ces clauses n'ayant rien de contraire à la morale publique, le législateur se trouve en droit d'interdire toute autre sorte de prêt sur gages, et peut atteindre plus facilement ceux qui se livrent à ce métier scandaleux.

Nous verrons plus loin si le Mont-de-Piété rend des services réels et s'il mérite d'être rangé dans la catégorie des établissements de bienfaisance. En attendant, examinons si vous êtes en droit d'appeler usuraires les opérations qui s'y accomplissent. Quel est donc le taux de l'intérêt que le Mont-de-Piété prend à l'emprunteur ? Vous nous avez déjà répondu 12 à 14 p. 100 ; il est inutile de contester les chiffres, et nous les acceptons tels que vous nous les présentez. Il s'agit alors de savoir si le Mont-de-Piété retire de ses opérations un bénéfice usuraire ou s'il ne fait que compenser ses frais et percevoir l'intérêt de l'argent qu'il avance.

Nous avons vu qu'il paie à ses créanciers un intérêt de 3 p. 100, et qu'il verse annuellement et en moyenne 784,737 francs aux hospices ; le rapport nous dit plus loin que l'administration est débitrice de 38 millions garantis par hypothèque des hospices, 38 millions à 3 p. 100 donnent la somme de 1,140,000 francs que le Mont-de-Piété paie à ses créanciers ; le bénéfice versé dans les caisses de l'Assistance publique représente un intérêt d'un peu plus de 2 p. 100. C'est donc d'une somme totale de 1,929,000 francs que l'administration est débitrice tous les ans ; vous nous avez dit en outre que les employés touchaient dans l'ensemble 960,000 francs, qui, ajoutés aux 1,929,000 francs, font la somme de 2,889,000 francs que ne pourraient produire 38 millions à 6 p. 100. Il n'est donc pas vrai, comme vous nous l'avez dit plus haut, que les droits perçus par le Mont-de-Piété auraient été en moyenne, d'après le rapport administratif, de 6 p. 100.

Si vous avez dit vrai, c'est que le Mont-de-Piété,

tout en étant débiteur de 38 millions, n'opère pas annuellement sur une pareille somme; dans ces conditions, le taux de l'intérêt qu'il perçoit doit-être beaucoup plus fort; en récapitulant, il doit 3 p. 100 à ses débiteurs, et le bénéfice qu'il verse aux hospices s'élève au moins, sur une somme bien inférieure à 38 millions, à 3 p. 100; les 960,000 francs qui forment l'ensemble du traitement des employés représentent à peu près 4 p. 100, ce qui nous donne un total d'au moins 10 p. 100; il ne nous sera pas difficile d'admettre que les autres frais généraux font un équivalent de 2 p. 100, et ainsi nous pourrons dissiper l'étonnement des rédacteurs du rapport communal sur les prétendues opérations secrètes auxquelles se livre le Mont-de-Piété; du même coup, nous avons démontré qu'il n'y a rien d'usuraire dans l'intérêt de 12 p. 100 que prend le Mont-de-Piété, puisqu'il ne fait guère que couvrir les frais nombreux auxquels il est astreint.

§ VIII. — *En fait, les prêts sur gages soulagent momentanément les classes laborieuses dans les cas de chômage ou de maladie, cas fréquents, qu'une organisation sociale équitable doit prévoir, et qu'elle a pour mission de prévenir et de soulager effectivement sans en bénéficier. — Ils n'ont pas davantage leur raison d'être dans les moments de crises générales, où les charges que supporte l'ouvrier doivent être réparties d'une façon normale.*

On pourrait croire en commençant que le rapport va faire l'éloge du Mont-de-Piété; il reconnaît en effet que cet établissement rend des services aux classes laborieuses; mais ces services ne sont que momentanés, et, selon les rédacteurs de la Commune, ils ne devraient pas engager l'avenir : une organisation sociale équitable a pour devoir de prévenir les cas de chômage ou de maladie. Cette théorie humanitaire est certainement très digne d'éloges; elle ne peut qu'avoir nos sympathies. Mais nous demanderons à ceux qui la mettent ainsi en avant de quelle façon ils entendent la réaliser.

Nous n'avons pas à discuter des moyens que vous ne daignez pas indiquer; mais il n'est pas permis de douter que vous ne puissiez arriver au résultat que vous devez atteindre, sans être forcé d'avoir recours à l'État, c'est-à-dire à l'universalité des citoyens pour venir en aide à une partie de la population. Il y a là une injustice flagrante, et depuis vingt ans vous avez sans cesse protesté contre l'intention qu'on vous prêtait, non sans raison, d'introduire de force l'État dans la vie commerciale et industrielle.

Nous ne voulons pas discuter une fois de plus cette théorie ; mais nous protestons énergiquement contre son application; nous la déclarons inique et immorale ; nous la signalons comme une de ces innovations dangereuses qui, entrant dans le domaine des faits, finirait par ruiner les forces vives du pays et par faire de la France une contrée aussi misérable que la Grèce ou l'Italie, lorsque ces deux nations, après avoir fait leur proie de l'univers entier, furent vaincues par la force brutale, sans pouvoir trouver en elles-mêmes aucune ressource.

Nous ne pouvons non plus laisser passer sans

protester la façon dont vous insinuez que l'État bénéficie du soulagement qu'il apporte à certaines misères. Nous avons démontré que le Mont-de-Piété ne percevait guère que le montant de ses frais, et que le surplus était versé dans les caisses des hospices, et encore ceci n'est-il pas une libéralité à titre gratuit, puisque les billets souscrits par l'administration sont garantis par une hypothèque sur les biens des hospices.

En dernier lieu, et pour en finir avec ce paragraphe, nous vous demanderons ce que vous voulez dire par ces mots : « Les charges que supporte l'ouvrier, dans les moments de crise générale, doivent être réparties d'une façon normale. » Nous avouons ne rien comprendre à cette phrase du citoyen Frankel, et nous ne voulons même pas lui prêter un sens, de peur de nous tromper sur une pensée qui se ressent peut-être un peu de l'origine allemande du rédacteur.

§ IX. *Les classes laborieuses ont, il est vrai, pu subvenir aux nécessités du moment par l'intervention du Mont-de-Piété, mais les familles sont dépossédées d'objets qu'elles ne pourront remplacer et qui sont vendus à vil prix.* La situation déplorable que l'on nous indique, et dans laquelle se sont trouvées les classes laborieuses, a été celle de presque toute la population dans les circonstances critiques auxquelles il est fait allusion dans le rapport; et même nous n'hésiterons pas à exprimer à cet égard toute notre façon de penser. Il s'est trouvé, dans les classes moyennes, beaucoup plus d'embarras et de misères que parmi les ouvriers; ceux-ci, habitués à une vie sobre et à des privations relatives, ont été dispensés de payer leur loyer; on leur a remis en outre les objets de première nécessité qu'ils avaient engagés auparavant; enfin, on les a enregistrés dans la garde nationale, on les a habillés, nourris en partie, et payés. Cette situation était loin d'être aussi malheureuse que voudraient le faire entendre les membres de la Commune. Nourris, logés, vêtus et payés par l'État, les ouvriers n'avaient pas à lutter contre les premières nécessités de la vie; dans les classes moyennes, au contraire, la pénurie d'argent était arrivée par suite de la cessation des affaires; les individus qui en font partie, retenus par l'amour-propre, par un certain respect humain, ne pouvaient demander à l'État les mêmes secours que d'autres en obtenaient; aussi ont-ils souffert pendant le siége de Paris beaucoup plus qu'un grand nombre d'ouvriers, et leurs misères, pour avoir été silencieuses, n'en ont pas moins été cuisantes. Nous ne voulons pas nous appesantir sur ce sujet, de peur d'éveiller des colères et des susceptibilités; mais si le Mont-de-Piété a pu venir en aide à certaines misères, il ne faut pas l'en blâmer; il a été nanti, il est vrai, d'objets divers représentant et au-delà les sommes qu'il avançait. Mais pourriez-vous nous dire quel établissement, quelle société serait en état de subvenir aux besoins de toute une population gratuitement et sans garantie de remboursement? Vous en revenez toujours à une organisation sociale qui doit prévenir toutes ces douleurs et toutes ces misères; mais si vous avez entre les mains une pareille panacée, que ne la montrez-vous, et pourquoi ne vous en servez-vous pas? Si elle est telle que vous l'annoncez, nous nous empresserons de l'accueillir, et nous nous associerons au concert de louanges que vous aurez méritées. Malheureusement, voici bientôt trente ans que vous avez fait aux classes ouvrières les mêmes promesses, et pour une fois que vous vous trouvez en mesure de les réaliser, vous n'avez pas encore pu nous montrer cette organisation sociale qui doit faire tant de bien !

§ X. — *Voici, pour mémoire seulement et sans plus de développements, quelques-uns des nombreux abus que protégeait l'institution du Mont-de-Piété. — Le commerce, pour retarder la faillite, détournant des marchandises afin de payer le chiffre de ses échéances; — l'agiotage s'opérant en grand sur la vente, par l'administration, des objets non dégagés, et sur la vente des reconnaissances par les emprunteurs; — dans le ménage, l'économie troublée par cette facilité d'un emprunt inutile pour le travail et ruineux pour l'intérieur, etc., etc.* — A cette énumération des abus que protége le Mont-de-Piété, nous répondrons seulement par les avantages qu'il procure. Pour commencer, combien de commerçants, débutant dans les affaires, ont eu recours au Mont-de-Piété pour compléter leurs échéances, et ont engagé leurs effets personnels pour payer leurs premières dettes, toujours si lourdes à acquitter! Combien de fois, se trouvant dans l'embarras, ils ont mieux aimé se déposséder d'un objet de luxe ou d'un bijou précieux plutôt que de laisser protester leur signature ! Et, d'un autre côté, combien de familles honorables se trouvant pour tel ou tel motif dans un état de gêne momentané ont porté rue des Blancs-Manteaux leur argenterie pour subvenir à des besoins pressants ! Combien de malheureux seraient restés sans pain s'ils n'avaient pu emprunter une modique somme d'argent en donnant pour gage tel objet qui ne leur était plus d'aucune utilité ! Ne pourrait-on pas trouver nombre de ces travailleurs économes qui, ayant acheté des valeurs à terme, se sont adressés au Mont-de-Piété pour trouver l'argent à défaut duquel les quelques actions qu'ils possédaient auraient été vendues. Et combien d'autres cas où l'institution que vous voulez détruire a rendu d'immenses services ! Vous nous citez, il est vrai, quelques abus. Mais qu'entendez-vous nous prouver ainsi ? — Non pas qu'on doive supprimer le Mont-de-Piété, mais seulement qu'il y a des abus. Eh bien ! veillez à ce qu'ils deviennent moins fréquents, et rendez-en le retour impossible, vous en avez le droit et le devoir ; mais n'allez pas plus loin, parce que vous dépasseriez votre but.

§ XI. — *La Commune, par ses institutions sincèrement sociales, par l'appui qu'elle donnera au travail, au crédit et à l'échange, doit tendre à rendre inutile l'institution des monts-de-piété, qui sont une ressource offerte au désordre économique et à la débauche.* — Il est probable que la Commune a un langage spécial ; car, cette fois encore, malgré notre bonne volonté, nous ne pouvons pas bien saisir le sens de ce dernier paragraphe. Nous nous y arrêterons pour la dernière fois et nous poserons cette question à tous les gens sensés, aux rédacteurs du rapport eux-mêmes : — Qu'entendez-vous par : *institutions sincèrement sociales?* Quel appui la Commune peut-elle donner au crédit, à l'échange ? Non contents de ne point parler la langue française, vous exprimez des idées incompréhensibles ; nous n'osons vraiment, par respect pour nous-mêmes, appuyer sur l'ignorance de ces hommes qui se sont faits les arbitres de la Capitale ; il est incroyable que la population de Paris, que l'on dit être si intelligente, se laisse mener jusqu'au point de sacrifier la vie de tant d'individus par des hommes qui ne savent que la bercer d'espérances trompeuses. Plus de cent mille gardes nationaux marchent à Paris sous le drapeau rouge, et ils se contentent, non pas de réformes incomplètes ou insuffisantes, mais bien de paroles telles que celles-ci : « La Commune donnera son appui au travail, au crédit et à l'échange. » Il serait fastidieux d'insister sur toutes ces fautes de français, sur toutes ces obscurités et sur toutes ces erreurs économiques qui fourmillent dans l'œuvre communale. Dès à présent nous croyons avoir montré l'inanité du rapport de la commission d'échange ; pour justifier la destruction du Mont-de-Piété, elle s'est livrée à des calculs pleins d'erreurs ou de mensonges, comme on voudra ; elle a signalé une série d'abus, sans trouver d'autre remède que le renversement de l'institution qui les produit. Législateurs ignorants, vous ressemblez à ces enfants capricieux qui brisent un jouet parce qu'ils ne peuvent en comprendre le mécanisme; comme eux, vous ne songez pas au lendemain et aux remords qui pourront vous saisir. Vous avez promis de faire du socialisme, et pour tenir votre promesse vous frappez à tort et à travers toutes les institutions qui se trouvent debout; vous voulez anéantir tout le passé, ne rien laisser de ce que dix générations monarchiques ont élevé; quant au présent vous n'y songez pas, et pour l'avenir vous n'avez que des promesses vagues, incompréhensibles, des aspirations à une organisation sociale humanitaire que d'autres ont rêvée aussi sans pouvoir l'accomplir. Platon, plus poëte que philosophe, avait écrit sa république utopique; il avait trouvé dans son imagination une sorte de constitution idéale, et il en a doté le monde, comme d'un poëme; vous, vous n'avez dans l'esprit que le vide et le néant, dans l'âme que la haine du passé et l'envie de l'avenir, dans le cœur que la sécheresse et l'aridité. Comparez!

Sans analyser le rapport article par article, nous demandons la permission d'étudier le mode de liquidation que l'on entend employer pour arriver à l'anéantissement du Mont-de-Piété par le payement de ses dettes et le recouvrement de ses créances.

Le système que l'on entend employer est bien simple : on ne payera pas immédiatement les créanciers du Mont-de-Piété; on reconnaît bien que les souscripteurs des billets sont en général d'honnêtes travailleurs qui ont péché, dit la Commune, non par agiotage, mais par prévoyance exagérée; ce dernier

mot est grotesque, et c'est par trop d'impudence que
d'accuser ainsi des gens économes qui n'ont d'autre
tort que de prévoir l'avenir et de se préparer, pour
leurs vieux jours, un modeste revenu. On commen-
cerait par examiner scrupuleusement les titres des
créanciers; les rédacteurs du rapport n'ont aucun
fait à signaler; mais ils présument trouver des frau-
des et des opérations irrégulières; de cette espèce
d'espérance ils concluent en appelant le Mont-de-
Piété une officine d'usure, et en promettant une
série de révélations scandaleuses. Une fois les titres
examinés par la commission, la Commune substi-
tuerait sa garantie à celle du Mont-de-Piété et elle
échangerait les billets contre une valeur nominale
remboursable en cinq ans, par trimestre et par voie
de tirage au sort. Cette manière de payer ses dettes
est par trop commode. Voici des gens honnêtes qui
ont accepté des billets du Mont-de-Piété, sous la garantie d'une hypothèque; vous venez leur dire que
cette garantie est aléatoire et que la vôtre est meilleure. Nous ne le croyons pas; mais, en tout cas, il
n'est pas permis de changer ainsi les termes d'un
contrat librement consenti; une opération de ce
genre est dans tous les codes qualifiée de fraudu-
leuse.

Après cela, vous ne les paierez pas à l'échéance
indiquée et vous leur donnerez à la place *une valeur
nominale* remboursable en cinq ans, et par voie de
tirage au sort. Cette façon de procéder, employée
par un particulier, serait, en temps ordinaire, défé-
rée à la police correctionnelle. Vous remplacez l'ar-

gent par un morceau de papier dont vous garantissez le paiement en cinq ans, vous, hommes de la Commune qui, sortis on ne sait d'où, n'êtes pas même sûrs d'exister demain; vous qui n'avez pu assurer votre domination que par le vol et la soustraction. Allons plus loin : ces mêmes hommes qui viennent de condamner le prêt sur gages déclarent qu'ils procéderont au remboursement par voie de tirage au sort ! Dans toutes ces manœuvres, nous ne pouvons voir qu'une série d'opérations spéculatives et frauduleuses que la morale condamne au moins autant que les agissements du Mont-de-Piété. Mais ce n'est pas tout : allez-vous payer les intérêts de retard à ceux que vous forcez à vous accorder un semblable crédit? Vous oubliez de nous le dire; si nous en croyions les théories que vous n'avez cessé de prêcher, vous ne les paieriez pas; car nous savons que vous voulez détruire le capital et l'intérêt : c'est une de vos thèses favorites, et il est probable qu'en cette occasion vous avez cherché à la mettre à exécution. Mais une telle hypothèse ne peut suffire; il ressort clairement de l'économie de votre projet que vous n'entendez rembourser que le montant des billets souscrits par le Mont-de-Piété. Dans tous vos calculs, en effet, vous ne tenez aucun compte de ces intérêts, que vous devez au même titre que le capital, puisque vous avez substitué votre garantie à celle de l'hypothèque; d'un autre côté, vous ne demandez aux débiteurs du Mont-de-Piété, qui deviennent les vôtres, aucun intérêt de retard. Nous pouvons en conclure qu'il n'entre pas dans vos intentions de servir aux détenteurs de billets le revenu de leur capital, à moins cependant que vous n'avouiez n'avoir pas songé à cette question. Quoi qu'il en soit, nous n'avons pas de réflexions à faire sur de semblables procédés; c'est à la conscience publique à en faire justice.

Voyons maintenant dans quel but vous confiez à un remboursement éventuel la fortune des citoyens : c'est uniquement pour faire une libéralité, ou plutôt, comme on disait au moyen âge, pour faire largesse au peuple. Vous forcez les créanciers du Mont-de-Piété à vous faire crédit, et du même coup vous rendez aux emprunteurs les gages qui sont la principale garantie du prêteur. Vous prétendez, il est vrai, que la Commune, se mettant au lieu et place des monts-de-piété, aucun intérêt ne sera lésé ; nous ne pouvons croire à une affirmation de ce genre, qui ne repose sur aucun fait précis. On a malheureusement vu bien des gouvernements en France, et il n'y en a pas un seul qui ait douté de la durée de son existence, un seul qui ne se soit cru en mesure de faire des promesses réalisables à une époque relativement éloignée. Ce n'est pas à une institution politique aussi récente, aussi contestée que la Commune, qu'il est permis de déposséder toute une classe d'individus pour faire don de ses dépouilles à une autre partie de la population. Dans la mesure que vous prenez, nous ne pouvons voir qu'un coup d'État financier, digne tout au plus des rois malversateurs du moyen âge que vous semblez d'ailleurs prendre à tâche d'imiter. Eux aussi, lorsqu'ils avaient besoin d'argent, pour quelque raison que ce fût, ils puisaient dans la bourse des juifs, les chassaient et confisquaient leurs biens, disant qu'ils devaient être le produit du vol et de l'usure. Vous n'osez pas, il est vrai, les imiter de point en point ; vous avez soin de colorer vos rapines des apparences du désintéressement en ne cherchant pas à profiter vous-mêmes.

Mais, si nous n'avons pu voir dans l'œuvre de la Commune une tentative socialiste, il n'est pas difficile de comprendre qu'en rendant aux ouvriers les gages qu'ils avaient remis aux monts-de-piété, vous n'avez qu'un but, c'est de les attacher plus sûrement à votre cause et de payer de cette façon le prix du sang que vous leur faites verser tous les jours sur les champs de bataille. Vous prétendez que ces libéralités ne sont pas faites à titre gratuit, et vous demandez aux ouvriers de souscrire, au profit de la Commune, un engagement de la totalité de leur dette, remboursable en cinq ans et par coupons mensuels. Cette confiance accordée au peuple consacrerait le principe du droit des travailleurs au crédit et serait une garantie de leur honorabilité.

En face de semblables affirmations, on en est réduit à se demander à qui la Commune croit parler. — A des Français ? — Non pas, à coup sûr ; car ils n'ignorent pas que tout le monde, dans notre pays, a le droit de demander et de faire crédit, que personne ne peut porter une atteinte à l'honorabilité d'un citoyen sans être responsable devant les tribunaux du tort qu'il a causé. Si vous voulez nous dire que les travailleurs ont un droit absolu à obtenir du crédit, si leur honorabilité doit être moins soupçonnée que celle des autres individus composant le corps social, alors nous vous répondrons que vous n'avez pas le droit de porter atteinte au principe de l'égalité proclamé par la Révolution. Nous vous demanderons si vous comprenez bien le sens du mot crédit et si vous pouvez décréter la confiance comme vous avez décrété la démolition de la colonne Vendôme?

Pour en finir avec l'analyse du décret communal, disons que vous entendez garder « les objets d'or et d'argent qui n'ont qu'une valeur accessoire, tout en laissant aux emprunteurs la faculté de se libérer par fractions. » Si nous étions gens de votre sorte, nous pourrions suspecter vos intentions et vous dire : A quoi bon garder l'or et l'argent qui n'ont qu'une valeur accessoire? Est-ce parce que vous savez que généralement on ne prête que le quart ou le tiers de la valeur réelle, et qu'en les conservant vous espérez pouvoir réaliser un bénéfice considérable en les vendant aux enchères au bout d'un an, comme vous avez soin de le spécifier? N'est-ce pas la même raison qui vous engage à conserver les marchandises neuves provenant des magasins de vente? Vous allez vous récrier, je le sais, et nous affirmer la pureté de vos intentions; mais avouez néanmoins que vous prêtez le flanc à ces attaques, et que, pour des gens décidés à faire la guerre aux abus, vous agissez beaucoup trop comme l'ont fait les gouvernements despotiques. Nous avons maintenant examiné, dans son ensemble, le rapport de la commission d'échange et de travail; c'est l'œuvre capitale de la Commune et la tentative la plus audacieuse que l'on ait jamais faite dans le sens socialiste. Eh bien! nous pouvons récapituler toutes les critiques que nous lui avons adressées et porter un jugement définitif. La suppression des monts-de-piété, telle qu'elle est présentée, n'est pas autre chose qu'une œuvre de spoliation tant à l'égard des capitalistes qu'à l'égard de l'État : aux premiers on conteste leur créance et on en retarde le remboursement; à la double garantie des gages et de l'hypothèque foncière on substitue la garantie d'un gouvernement illégal et destiné à périr dans quelques jours; on va plus loin : on les prive de l'intérêt de leur argent pendant trois ans. A l'État on impose une charge écrasante et injuste; on le force à endosser une dette qu'il n'a pas contractée, et, pour faire une libéralité, on lui retire les objets qui représentaient la valeur des dettes qu'il va être contraint de rembourser. Mais il y a encore quelque chose de plus atroce et de plus illégitime : quand arrivera l'heure du triomphe du gouvernement légal, les créanciers du Mont-de-Piété seront en droit de réclamer leur argent, et ils feront valoir l'hypothèque qu'ils avaient légalement sur les biens des hospices; ces établissements d'utilité publique incontestable auront été ainsi dépouillés au profit des individus qui, en défendant la Commune, n'auront en réalité défendu que les injustices et la spoliation dont ils auront profité.

Nous avons relevé une à une les erreurs économiques dont fourmille le rapport, il est inutile d'y revenir; rappelons seulement le rôle que les socialistes entendent faire jouer à l'État dans leur réorganisation économique : ils le font intervenir, sous prétexte de défendre les droits des travailleurs, dans la plupart des actes de la vie commerciale et industrielle ; ils vont jusqu'à proclamer ce principe qu'il appartient à l'État de prévenir les cas de maladie et de chômage ; les insensés ne comprennent pas qu'ainsi ils créeraient une nation d'esclaves n'attendant leur salut et leur bonheur que d'un pouvoir supérieur, au lieu de le demander à leur industrie et à leur travail.

Et pourquoi la Commune consentirait-elle à assumer sur elle une semblable responsabilité ? Dans le seul but d'attribuer à ses soldats une sorte de paie extraordinaire et pour les attacher à son gouvernement, qui, en dépouillant les uns au profit des autres, aura dépassé tous les gouvernements monarchiques et réalisé les espérances de ceux qui ne comptent, pour s'enrichir, que sur la ruine publique.

Cependant les rédacteurs du rapport ont bien compris qu'il ne s'agissait pas de tout détruire sans rien reconstruire, et que cette libéralité ainsi faite ne profiterait aux travailleurs que pour un moment, tandis que la suppression des monts-de-piété pourrait leur porter un grand préjudice dans l'avenir ; ils n'ont cependant rien de précis à proposer, ni aucune institution à fonder pour remplacer celle qu'ils vont supprimer ; ils se tirent d'embarras par des promesses, et ils écrivent qu'il est bien entendu qu'à la liquidation des monts-de-piété doit succéder une organisation sociale, qui donne au travailleur des garanties réelles de secours et d'appui, en cas de chômage et de maladie.

Nous terminerons en demandant une dernière fois aux gens de la Commune de quelle façon ils pourront tenir leur promesse, et quelle est cette organisation dont ils parlent si souvent, qui doit faire tant de bien et que cependant ils s'obstinent à garder par devers eux.

Nous n'avons plus que deux mots à dire sur la discussion qui s'éleva au sein de la Commune au sujet de ce rapport. L'esprit dans lequel il était rédigé fut approuvé par tous; mais son exécution fut jugée impossible. Ce fatras socialiste fut forcément mis au rencart, et, après une discussion assez vive, il fut décidé qu'on se contenterait d'une simple libéralité aux ouvriers et qu'on leur rendrait les objets de première nécessité, les meubles et les outils dont la valeur ne dépasserait pas 30 francs. Ce fut en vain que certains individus reprochèrent à la Commune de ne pas aborder les difficultés en face; le citoyen Frankel lui-même fut obligé de dire que la commission du travail, en faisant son rapport, n'avait pas entendu conseiller une liquidation immédiate. Il reconnut que la liquidation des monts-de-piété ne servirait à rien : « En effet, dit-il, quand on aura dégagé les objets, au bout de quinze jours la misère sera toujours la même. » Ces paroles nous serviront de conclusion; elles démontrent que le bon sens ne perd jamais ses droits, et que c'est en vain que l'on s'efforce d'inventer des théories pour les décorer ensuite du nom de socialistes. De tous ces beaux projets, de toutes ces utopies, il ressort clairement que la société, constituée telle qu'elle est, bien ou mal, ne peut pas être réformée en un jour, pas même par des révolutionnaires inintelligents.

Pour terminer un article où nous avons peut-être eu le tort de traiter plus sérieusement qu'il ne le méritait le rapport communal, rappelons la tentative que firent les insurgés pour incendier le Mont-de-Piété. Pour supprimer des établissements qui, à tant de titres divers, font la gloire de Paris et de la France, ils n'ont trouvé d'autres moyens que de les arroser de pétrole et de les livrer en pâture aux flammes. C'est ainsi qu'ils prétendent réformer la société en la détruisant.

A l'heure où nous écrivons ces lignes, la Commune n'existe plus; pénétré de l'horreur que nous inspirent les crimes de sa chute, nous voudrions en avoir fini avec l'examen des doctrines socialistes et politiques qu'elle a voulu faire prévaloir. Malheureusement, il faut que la lumière se fasse sur le passé, si l'on veut éclairer l'avenir, et nous nous ferions un scrupule d'omettre la moindre manifestation des théories socialistes qui, reniées aujourd'hui par tous les honnêtes gens, pourraient peut-être servir plus tard de ralliement et de drapeau à de nouveaux sectaires. Un décret de la Commune, en date du 13 mai, prescrit la révision des marchés conclus pour elle jusqu'à ce jour; désormais, les cahiers des charges pour toutes les fournitures à faire à l'administration communale, porteront dans les soumissions desdites fournitures, les prix minimums du travail à la journée ou à la façon à accorder aux ouvriers ou ouvrières chargés de ce travail.

Nous ne nous arrêterons pas à ce procédé qui consiste à changer les termes d'un contrat légalement consenti, ou même à l'annuler, parce qu'il convient à l'une des parties de changer telle ou telle clause. C'est là une de ces façons d'agir auxquelles la Commune nous a habitués ; cette ignorance des règles élémentaires du droit, cette inconscience profonde de l'équité, n'a rien qui puisse maintenant nous étonner chez des gens qui ont brûlé Paris par esprit de vengeance, et qui, renouvelant les folies de Néron, ont voulu laisser à la postérité un nom célèbre, mais à jamais maudit, plutôt que de l'ensevelir dans leur propre désastre.

Nous trouvons dans ce dernier décret de la Commune la mise en pratique de cette théorie que nous avions déjà signalée plus haut, le droit et le devoir de l'État d'intervenir en faveur de telle ou telle classe d'individus dans les transactions qui se font entre particuliers. Ainsi, lorsqu'un patron soumissionnera une entreprise ou une fourniture, il devra spécifier le salaire qu'il donnera à ses ouvriers ; dans le même cas, les intendants devront donner la préférence aux associations ouvrières, lorsqu'elles se trouveront en concurrence avec des entreprises particulières, et quand même elles réclameraient un prix plus élevé. Eh bien ! il faut que l'on sache que l'État est le représentant des intérêts de tous, qu'il ne doit pas sacrifier les uns au profit des autres ; nous avons assez de tous les despotismes, et nous ne sommes pas disposé à souffrir l'oligarchie plutôt que la monarchie. L'État n'est pas un individu, mais bien une collectivité; l'argent qui se trouve dans ses caisses est l'argent de tous; ceux qui ont les clefs n'ont pas le droit d'en disposer au profit d'une classe privilégiée; s'ils le font, ils commettent un vol aux dépens de ceux auxquels ils n'accordent pas les mêmes avantages. D'un autre côté, on tient essentiellement en France aux conquêtes de notre grande Révolution; elle nous a donné, on pourrait presque dire qu'elle a créé l'égalité entre tous les citoyens, une égalité réelle, effective, qui fait notre force et notre gloire, et que les autres nations de l'Europe peuvent nous envier, parce qu'elles ne la possèdent pas. Malheur aux insensés qui osent porter atteinte à ce droit primordial de l'homme, et aux autres droits qui en découlent? Vous nous dites qu'il y a dans la société une classe d'individus, les prolétaires qui sont exploités et qui souffrent cruellement. Cela est vrai ; mais c'est à eux et à eux seuls qu'il appartient de guérir les maux dont ils sont accablés : la loi ne les traite pas plus durement que les autres citoyens; en vertu du principe d'égalité, ils peuvent arriver aux plus grandes fortunes, aux plus hautes dignités; beaucoup sont sortis de leurs rangs qui occupent aujourd'hui de grandes positions. En vertu du principe de liberté, ils peuvent discuter leurs salaires avec les patrons; ils peuvent se réunir, se concerter, et, en définitive, faire jusqu'à un certain point, la loi, puisqu'ils sont le nombre, partant la force; ils peuvent encore s'associer les uns aux autres, et avec de modiques économies fonder de vastes établissements que leur travail et leur industrie feront prospérer. Non, l'homme ne doit demander qu'une chose à la société ; si ses parents, au jour de sa naissance, lui doivent les premiers soins, si plus tard ils doivent l'accompagner dans ses premiers pas, c'est à l'État qu'il appartient de lui donner l'instruction qui lui permettra plus tard de sortir de l'humble condition à laquelle sa naissance semblait l'avoir destiné. Tel est le devoir de l'État, son seul devoir ; et encore n'aurait-il pas le droit d'imposer cette charge à la société, si celle-ci ne devait en retirer les fruits, puisque, de cette manière, elle fait entrer dans son sein des individus instruits et intelligents qui font sa force et sa grandeur dans l'avenir.

Telles sont les réflexions que doit inspirer le dernier décret de la Commune ; après le 14 mai, elle n'a plus le temps de s'occuper des réformes sociales ; elle est tout entière à la lutte qu'elle soutient contre le gouvernement légal de la France. Somme toute, la Commune démocratique et sociale n'a guère justifié ce dernier titre ; quelques placards emphatiques, quelques déclamations, un rapport mal écrit et absurde, voilà toute son œuvre. Quant aux actes, ils consistent surtout en libéralités aux ouvriers et aux gardes nationaux ; à leur égard, la Commune a été pleine de tendresse ; elle a voulu payer le prix du sang qu'elle a fait verser. Pour récapituler, elle décrète que les propriétaires seront frustrés de quatre termes ; elle suspend les échéances pour longtemps, elle rend aux emprunteurs les objets qu'ils avaient déposés au Mont-de-Piété, elle défend aux administrations de faire payer des amendes à leurs employés, elle dépouille les patrons absents au profit des ouvriers, elle force les entrepreneurs qui traitent avec l'État d'augmenter les salaires. Dans tout ceci, nous ne pouvons voir que des libéralités à titre gratuit, sans aucun avantage pour la société, sans aucune justification. Les Césars romains n'agissaient pas d'une autre façon ; ils dispensaient le peuple de travailler et donnaient *panem et circenses*. Telle est en effet la loi à laquelle obéissent tous les despotismes et tous les pouvoirs usurpateurs ; pour trouver des partisans et des défenseurs, ils s'adressent aux mauvaises passions, et paient, avec un argent qui ne leur appartient pas, les services honteux qu'ils demandent à la population. Quant à ces doctrines socialistes et humanitaires, dont on n'avait cessé pendant vingt ans d'entretenir les populations, ce sont des armes de combat, et pas autre chose. Séduisantes en apparence, elles sont immorales en réalité et absurdes en pratique. Nous avons entendu les pères conscrits du socialisme, nous avons vu leurs apôtres à l'œuvre. Eh bien ! toutes leurs paroles sont restées sans écho, toutes leurs tentatives ont été infructueuses. Pour couronner leur œuvre et terminer leur propagande, ils ont brûlé Paris, seule façon qu'ils ont trouvée d'opérer le nivellement dont ils ont tant parlé. Il est donc inutile de les juger ; de pareils crimes et de pareils scélérats sont du ressort de la cour d'assises et non de l'histoire !

CHAPITRE IV

LA COMMUNE AU POINT DE VUE POLITIQUE

Nous ne voulons pas reprocher à la Commune, pour le moment du moins, le tort immense qu'elle a fait à la France en inaugurant la guerre civile après une guerre nationale; les transactions commerciales interrompues depuis six mois aspiraient à reprendre leur cours; chacun songeait à panser les plaies qu'avait ouvertes l'invasion étrangère; de là, une activité féconde, une reprise générale du travail. Nous admettons que les insurgés du 18 mars croyant faire une révolution pratique et utile à la fois aient de propos délibéré suspendu l'essor d'une nation entière pour la doter d'institutions qui devaient faire son bonheur et sa fortune dans l'avenir. Mais au moins avons-nous le droit de rechercher quelles sont ces institutions et quelle influence elles pouvaient exercer sur les destinées du pays? Constatons d'abord que l'insurrection à son origine n'avait d'autre but que de conserver à une fraction de la garde nationale des canons que la population entière avait offerts au gouvernement pour la défense de Paris ; pendant deux jours les fédérés, après s'être emparé de l'Hôtel-de-Ville, des ministères, des mairies et de tous les établissements publics, ne mirent en avant aucun programme ; à tel point que beaucoup ne savaient s'ils ne reconnaissaient pas le gouvernement de l'Assemblée et s'ils n'allaient pas borner leur action à la reprise de leur artillerie et à la consécration par la force de leurs droits fédératifs. Mais le sang avait coulé sur les buttes Montmartre : deux généraux avaient été assassinés et une partie de la population criait vengeance. Le Comité central proclama la déchéance du gouvernement et résolut de le frapper dans l'institution qui seule était restée debout et qui déjà annonçait les projets de résistance à l'insurrection. Les maires élus par le suffrage universel répudiaient l'insurrection faite contre l'Assemblée représentant le suffrage universel dans sa plus haute expression ; le Comité fit envahir les mairies, à l'exception de quelques-unes qui furent défendues par les gardes nationaux de l'arrondissement, il nomma des maires provisoires, et, en même temps, annonça de prochaines élections pour la Commune.

Nous avons raconté plus haut comment se firent ces élections ; nous avons dit que la violence et le mensonge y présidèrent ; mais nous n'avons à envisager qu'une chose, c'est que dans la pensée du Comité central et en fait, la Commune devait remplacer le gouvernement dont on avait proclamé la déchéance. Le système communal, tel est donc le système politique que les insurgés entendent proposer et imposer à la France. La Commune ainsi installée comprit bien vite qu'elle ne constituait pas un gouvernement que le pays pût accepter; dans une proclamation, qui demeurera célèbre, elle convia les communes à s'affranchir du gouvernement central et à se fédérer pour en fonder un nouveau.

C'est donc la République fédéraliste et communale que les insurgés veulent substituer à la République une et indivisible des jacobins et à la République parlementaire des Favre, des Simon et des Picard. Cette forme constitutionnelle des États n'a rien en soi qui puisse effrayer les esprits; elle existe en Amérique et en Suisse où elle a produit les meilleurs résultats; à une certaine époque elle a existé en France, en Belgique et en Italie; dans l'antiquité, elle avait fleuri en Italie et en Grèce.

Sans nous arrêter à une ère antérieure à l'ère chrétienne, nous pouvons constater que le conseil amphictyonique ou conseil fédéral de la Grèce, était devenu en peu de temps impuissant à maintenir la fédération hellénique et que les petits États qui la composaient, après s'être entre déchirés, avaient fini par devenir la proie de l'étranger; constatons encore que la fédération italienne avait abouti à la guerre sociale et à l'établissement de la suprématie romaine sur tout le reste de la péninsule.

La véritable et première éclosion du système communal peut dater du moyen âge; le municipe romain avait été une institution plutôt militaire que civile, et les différents droits que l'on appelle : *jus civitatis, jus italicum, jus municipii,* étaient des droits essentiellement politiques. Au moyen âge seulement les bourgeois des villes se trouvant quelque peu éloignés de leurs seigneurs féodaux eurent l'idée de se réunir, de s'assembler et de racheter leur liberté à prix d'argent.

L'ensemble de ces individus qui, après s'être enrichis par le commerce et par l'industrie, s'étaient agglomérés autour du clocher et s'étaient rachetés du servage s'appela commune. La commune se rédima petit à petit de tous les droits que le seigneur avait sur les gens attachés à sa terre et devint souveraine; elle eut son beffroi, ses archers, ses remparts, ses droits de haute et basse justice ; ainsi elle constitua une sorte de fief sans propriétaire individuel et dépendant d'une collectivité de bourgeois. La commune joua dès lors un grand rôle dans les luttes entre le roi et les seigneurs; ces derniers, jaloux des prérogatives que le besoin d'argent les avait contraints de céder à des manants, essayèrent de les leur reprendre, et, ceux-ci, pour se défendre, durent s'appuyer sur la royauté. Bien plus, les communes se liguèrent entre elles et aspirèrent à jouer un rôle politique considérable; c'est ainsi que nous voyons Louis XI soulever les bourgeois de Gand ou de Bruges contre leur suzerain Charles le Téméraire. Mais nous ne pouvons passer sous silence la révolution communale de Robert le Coq et d'Étienne Marcel : celle-ci se fit en sens inverse des autres communes ; elle fut entreprise contre l'autorité royale qu'elle parvint à détruire à Paris. Son succès s'explique par le besoin incessant que les rois avaient de faire appel aux bourgeois de leur bonne ville de Paris ; ceux-ci avaient en revanche demandé et obtenu nombre de droits et de franchises à tel point qu'appelant à leur aide Charles le Mauvais, ils finirent par mettre en péril la puissance royale et compromirent l'accomplissement de l'activité nationale. Mais cette révolution n'aboutit pas et la royauté, instruite par l'expérience, n'eut rien de plus pressé que de détruire l'organisation communale, dès qu'elle n'eut plus rien à craindre de la féodalité.

Le mouvement communal, considérable en France, servit merveilleusement au triomphe de la royauté ; en Belgique, où il s'était encore plus développé, il contribua puissamment à l'affranchissement des provinces unies ; en Italie, il fut impuissant ; ce malheureux pays, déchiré par les dissensions intestines et par l'ambition des papes, ne parvint pas à constituer son unité ; les communes cherchèrent plutôt à défendre leur liberté intérieure que leur liberté politique ; aussi sans parler des guerres qu'elles se faisaient entre elles, elles prirent parti tantôt pour la France, tantôt pour l'Espagne ou pour telle autre des nations qui faisaient de l'Italie leur champ de bataille. Pour ne parler que de la France, la commune disparut avec la féodalité d'où elle était sortie ; elle ne laissa d'autres traces de son existence que l'organisation intérieure des villes et certaines magistratures municipales, prévôtés, etc... La révolution survint et dans l'œuvre monarchique conserva l'unité française si laborieusement accomplie : elle en resserra même les nœuds, en détruisant tous les restes de l'ancienne féodalité. La nouvelle division de la France en départements, arrondissements et cantons effaça tout ce qui restait de l'ancienne commune.

Dans les terribles événements qui suivirent le renversement de la royauté et l'établissement de la République, nous retrouvons une seconde fois la Commune, toute puissante, mais c'est la Commune révolutionnaire, comme elle s'appelle elle-même. Il ne faut pas oublier qu'on se trouve dans une situation toute exceptionnelle; pour combattre l'Europe entière ameutée contre la France, pour déjouer les intrigues royalistes et les trahisons, il fallut inventer quelque machine de guerre nouvelle et terrible, capable de frapper de terreur les ennemis de l'intérieur et de l'extérieur.

La Commune de Paris fut un des rouages de cette machine qu'on nomme la Terreur. Tout le monde connaît son histoire et il est inutile de nous y appesantir; constatons seulement qu'elle ne mérite pas tous les reproches sanglants dont les suppôts de la monarchie ont cherché à l'accabler. Si elle ne recula devant aucune des mesures nécessaires au salut public, du moins elle servit de contre-poids aux exagérations démagogiques, aussi violentes alors que de nos jours; elle tint en bride les cordeliers de l'Arsenal, et soutint puissamment Robespierre contre les meneurs de l'époque et les partisans du socialisme de Jacques Roux. La Commune tomba avec *l'Incorruptible*, dont elle avait été le plus ferme soutien, mais dont elle n'avait pas su empêcher la chute. L'Empire s'établit sur les ruines de la République dont il continua et exagéra l'œuvre; il fut en réalité l'instigateur du système de centralisation à outrance, si favorable aux gouvernements despotiques. Des écrivains royalistes ont cherché à faire tomber toute la responsabilité sur la République; celle-ci resserre le faisceau de l'unité nationale, mais, en même temps, elle institue d'une façon vraiment démocratique les municipalités et leur permet même de jouer dans l'État un rôle assez important. Après l'Empire, les gouvernements qui se succédèrent n'eurent garde de laisser échapper l'arme qu'ils avaient trouvée toute forgée; les franchises municipales restèrent oubliées pendant longtemps, et la révolution de 1848 ne nous en restitua qu'une faible partie. Le second empire, s'inspirant du premier, s'empressa de restaurer tout ce que le temps avait détruit dans l'œuvre centralisatrice.

Les hommes du 4 septembre virent leur pouvoir borné par la fin de la guerre; ils n'eurent pas le temps d'opérer les réformes qu'ils auraient tout d'abord accomplies dans des temps moins agités. Ils se contentèrent de faire nommer par le suffrage universel les maires des différents arrondissements de Paris.

Chacun sait les événements qui suivirent la capitulation de Paris, la réunion d'une Assemblée nationale, et la signature des préliminaires de paix.

C'est ce moment que les agitateurs parisiens choisirent pour l'élection et l'installation de la Commune ; les négociateurs français n'étaient pas encore partis pour Bruxelles, que le gouvernement révolutionnaire proposait à toutes les municipalités de France de se constituer en Commune et se fédérer entre elles pour chasser l'Assemblée nationale de Versailles, et inaugurer une nouvelle forme de gouvernement.

A Paris, le Comité central avait commencé par protester de la pureté de ses institutions, et chercher à faire croire que le mot *Commune* était synonyme de *municipalité* ; grammaticalement, c'était peut-être la vérité ; historiquement, c'était un mensonge ; nous avons vu en effet que la Commune primitive était une institution *sui generis*, civile et politique à la fois ; nous n'en voulons d'autre preuve que l'indépendance des communes les unes vis-à-vis des autres, et les droits que beaucoup d'entre elles avaient de lever des milices, de percevoir des impôts, de rendre la justice ; elles n'étaient en réalité que des dérivatifs du régime féodal ; que la France fut partagée en fiefs et en seigneuries, ou bien qu'elle le fut en communes, peu importait à son avenir. C'était toujours le morcellement, la division, c'est-à-dire la faiblesse et l'impuissance. La commune révolutionnaire de 1793 fut une institution essentiellement politique et passagère ; créée, comme nous l'avons dit, sous l'influence d'événements extraordinaires, elle devait disparaître avec eux ; aussi personne jusqu'alors n'avait songé à la prendre comme un modèle de gouvernement, et ceux même qui la défendent et l'approuvent n'en désirent point le retour.

Par municipalité, au contraire, il faut entendre l'administration intérieure et civile d'une ville ; c'est ainsi que de tous les temps et sous tous les régimes les municipalités subsistèrent. Sous la royauté de droit divin, despotique et omnipotente, chaque ville et Paris lui-même eurent leurs magistrats particuliers et une organisation particulière. Les corporations et les métiers nommaient un prévot des échevins, ceux-ci avaient sous leur direction une police municipale appelée le *guet ;* ils veillaient à l'entretien des routes, à la sécurité des citoyens, à l'économie des deniers publics.

La Révolution détruisit cette vieille organisation ; elle y substitua la mairie, avec le conseil des notables, les réunions d'électeurs. La monarchie tombée, la population entière fut appelée à élire le maire et son conseil. Ces élections aboutirent à la commune. Sous l'Empire et la Restauration, toutes les libertés conquises par la Révolution nous furent ravies. La monarchie de Juillet remit en pratique le système constitutionnel de 1791. Seulement le roi se réserva la nomination des maires, qu'il choisissait sur une liste à lui présentée par le conseil municipal. Le second empire, tout en suivant les traditions du premier, fut obligé de créer une sorte de système municipal ; à l'exception de Paris et de Lyon, les villes nommèrent leurs conseils ; mais le pouvoir central se réserva le choix des maires qu'il prit jusqu'aux derniers jours où bon lui sembla ; les deux principales villes de France furent administrées par de simples commissions et par un préfet.

Nous n'avons pas besoin de faire remarquer combien ce système était antidémocratique et oppressif; la situation financière de la ville de Paris, la banqueroute imminente de la ville de Lyon, en sont les résultats directs et matériels ; dans l'ordre moral, le désordre fut encore plus grand.

Il résulte de tout ceci que la Commune instituée par le Comité central au lendemain du 18 mars, différait sous tous les rapports du système municipal; nous avons montré en même temps que si la commune au moyen âge fut un empiétement sur la féodalité, elle aurait pu du moins être aussi fatale à la France. D'un autre côté, la Commune révolutionnaire, n'ayant été qu'une institution exceptionnelle, il est impossible de voir quel fruit on aurait pu tirer d'un système qui n'avait produit aucun résultat favorable au développement de la prospérité de la nation, et qui de plus est en complète contradiction avec les mœurs modernes.

Recherchons maintenant ce qu'il faut penser de la Fédération proposée par la Commune de 1871.

La plus haute expression du gouvernement fédératif est sans contredit la république des États-Unis; tout le monde sait qu'elle se compose d'un certain nombre d'États primitivement étrangers les uns aux autres; après s'être affranchis du joug de l'Angleterre, ils se lièrent par une sorte de pacte qui garantissait à chacun l'indépendance civile et intérieure, mais qui créait une communauté politique entre tous. Un congrès formé des représentants des divers États prend les résolutions qui intéressent la nation entière, et auxquelles nul État ne peut se soustraire. En Amérique, ce système a produit les meilleurs résultats : la guerre de sécession a cependant montré les dangers qu'il y avait dans ces sortes de pactes fondamentaux que l'une des parties ne peut déchirer sans le consentement de l'autre. La Suisse est également une république fédérative depuis son affranchissement, et elle s'en est trouvée tout aussi bien que les États-Unis.

Mais ce système est-il possible, appliqué à la France ? Nous ne le croyons pas, et nous ne comprenons pas qu'une pareille idée ait pu être mise en avant et défendue par des esprits éclairés. En effet, comment les États-Unis et la Suisse sont-ils arrivés à choisir cette forme de constitution ? Une même contrée comprenait différents États, qui cependant avaient le même climat, la même origine, les mêmes intérêts politiques, sociaux et économiques; en réalité, ils formaient une nation partagée en différents groupes ; il n'y avait rien de plus naturel que de les réunir pour en former un tout homogène ; mais comme la liberté y était aimée par dessus tout, aucun État n'aurait consenti à subir la suprématie de son voisin, et à recevoir ses lois ; d'un autre côté, tous ces groupes, par leur séparation artificielle, avaient des intérêts locaux différents de ceux des autres groupes ; il fallait donc concilier, sous peine de porter atteinte à la liberté de l'un ou de l'autre, et la nécessité impérieuse d'associer les intérêts généraux et le besoin de séparer les intérêts particuliers. La solution n'était pas difficile à trouver : elle consistait à maintenir l'indépendance civile des divers États, et à créer un lien politique entre eux qui en formassent une même nation ; tel est l'origine du système fédératif ; rien de plus logique et de plus naturel à la fois.

Mais en France, il n'est pas possible de procéder de la même façon, pour cette bonne raison que la situation primordiale n'est pas la même ; nous avons eu, il est vrai, autrefois une division par provinces ; mais elle était très-arbitraire et toute féodale ; rarement elle répondait aux délimitations naturelles et géographiques, à la communauté d'origine et d'intérêts des populations.

Pour trouver une division naturelle de la France, il faut remonter à l'ancienne Gaule, où les différentes peuplades s'étaient groupées et avaient formé de véritables petits états ; mais depuis ce moment, que de révolutions ! La domination romaine avait passé par là et substitué une organisation toute administrative à la division primitive. Après les Romains vinrent les barbares ; ils partagèrent la Gaule en plusieurs grands royaumes, dont les limites changeaient à chaque alluvion nouvelle des races germaniques. On rattache au nom de Clovis la première constitution d'un royaume français ; mais sous ses successeurs, nous trouvons une nouvelle division : la France se partage en Neustrie et en Austrasie. Si nous arrivons aux Carlovingiens, à quel étrange démembrement assistons-nous avec la succession de Charlemagne! Quelle trace est-il resté de tous ces royaumes de Lotharingie, d'Aquitaine, de Rhétie et de tant d'autres, que se disputèrent les fils de Louis le Débonnaire? Nous sommes dans le chaos le plus impénétrable. Les ambitions les plus diverses se disputent la France et se la partagent en dépit de toutes les considérations naturelles et politiques d'origine, de langue et d'intérêts. Nous n'avons pas à suivre toutes les vicissitudes par lesquelles la France passa pendant plusieurs siècles.

Des quantités de royaumes se forment et disparaissent ; ce ne sont que principautés, duchés, comtés et seigneuries. Des duchés tels que ceux de Bretagne et de Normandie peuvent bien être regardés comme distincts de la France par leurs positions géographiques, l'origine de leurs habitants, la différence de leurs intérêts; mais comment justifier la création de ce singulier duché de Bourgogne qui, outre la Bourgogne, comprend la Franche-Comté, la Champagne, l'Artois, la Flandre, une partie de la Belgique. N'est-ce pas là une division de la France toute arbitraire et absurde? Nous ne prenons ici des exemples que dans les grandes souverainetés qui se partageaient notre pays. Ajoutons que ces royaumes et ces duchés étaient divisés à leur tour en une infinité de comtés et de seigneuries. On comprendra alors que la France n'était guère qu'une vaste mosaïque, dont les différentes pièces n'étaient jointes que par un lien tout à fait insuffisant, celui de la suzeraineté féodale. Aussi, en aurait-il été de notre pays comme de l'Italie et de l'Allemagne, si la royauté n'avait pris à cœur de rattacher à sa domination toutes ces provinces qui, le plus souvent, s'en étaient détachées complétement. Le dernier grand seigneur féodal fut ce connétable de Bourbon, qui trahit François Ier et sa patrie pour offrir son épée à Charles-Quint. Désormais, l'œuvre de l'unité nationale est accomplie, mais pas encore aussi complétement que beaucoup semblent le croire.

Si les grands seigneurs féodaux avaient disparu, échangeant leurs terres contre des titres et le service du roi, du moins les provinces avaient conservé une certaine indépendance civile et politique. La Bretagne, en particulier, jouissait de priviléges nombreux, qui en faisaient plutôt un état relevant de la couronne qu'une province française; de même pour la Normandie, pour la Guyenne, pour la Gascogne et pour beaucoup d'autres pays. D'un autre côté, ces provinces ayant vécu pendant longtemps d'une vie propre et indépendante, avaient pris des habitudes de s'administrer différentes les unes des autres, et la royauté avait été obligée de respecter ces coutumes, de sorte que l'on peut dire avec raison que les provinces étaient réunies, mais non assimilées à la France.

Louis XIV et ses successeurs resserrèrent fortement les liens de l'unité nationale, pas assez cependant pour faire disparaître les restes de l'ancienne division féodale. Aussi, voyons-nous se perpétuer la coutume des états provinciaux. Les parlements conservent une sorte d'indépendance, et, à un moment donné, des provinces entières refusent l'impôt. D'un autre côté enfin, les coutumes locales ont force de loi, et le pouvoir central, incapable d'en détruire l'autorité, est contraint de les conserver et de les respecter. Aussi, la France unie matériellement sous un même sceptre, ne l'était-elle pas moralement? Elle n'avait ni la force ni la cohésion, qui, seules, pouvaient la rendre capable de grandes choses. La révolution entreprit de les lui donner.

Le législateur détruisit l'ancienne division provinciale et y substitua la division par départements. Il n'entendait pas faire de la France un partage conforme à sa configuration géographique et à la diversité des races, bien au contraire; la France départementale, cantonale, communale, sortit de son cerveau, comme une Minerve d'une seule pièce, une et indivisible. Les besoins de l'administration d'un aussi grand territoire le décidèrent seuls à ce morcellement arbitraire. Il n'y eut plus dès lors qu'un tout homogène et compact, inattaquable dans son ensemble, indivisible dans la multiplicité des parties qui le composaient. Tout vint aboutir au pouvoir central. La fortune, la puissance, l'âme même de la France, se trouvèrent centralisés à Paris, qui, en une minute, put ainsi mettre en mouvement toutes les forces du pays. Admirable conception qui, de trente-quatre millions d'hommes, fit un seul individu, qui mélangea et confondit les habitants du nord et ceux du midi, qui fit un même peuple des descendants des Gaulois et des fils des Francs, des vaincus et des vainqueurs, qui donna à tous les mêmes poids, les mêmes mesures, les mêmes institutions, les mêmes lois, qui, avec trente-deux provinces, en fit une seule, et qui, au culte d'un roi qui servait simplement de lien entre des populations souvent différentes d'origine et d'intérêt, substitua le culte de la patrie! Aussi, comme la France de la Convention est différente de la France de Louis XIV! Politiquement, elle proclame et fait prévaloir les principes de liberté, civilement le principe d'égalité. Militairement, ses propres enfants la sauvent de l'invasion étrangère et vont porter au loin la gloire de leurs armes.

Il est de mode aujourd'hui d'attaquer cette centralisation; on veut la détruire au nom de la liberté, au nom de l'initiative individuelle comprimée par elle, au nom de l'indépendance communale. Funeste amour de changement! Inintelligence profonde des intérêts du pays! L'œuvre de la révolution n'a pas été complète, il est vrai; elle arma la France plutôt qu'elle ne l'organisa définitivement. Mais ne peut-on pas saisir l'idée de ces hommes, qui étonnèrent leurs ennemis même, par leur prudence et leur sagesse au milieu des plus effroyables périls? N'est-il pas facile de comprendre que, dans leur esprit, la liberté communale pouvait exister conjointement avec leur système de centralisation. Certes, les intérêts locaux et particuliers ont droit à une représentation spéciale et propre; ils s'appartiennent à eux-mêmes. La commune, le canton, l'arrondissement, le département, sont autant d'individus collectifs, qui ont le droit d'administrer eux-mêmes leurs affaires. Mais les affaires de l'État, de la grande famille, qu'on appelle la France, celles-là ne regardent qu'un seul pouvoir, le pouvoir central, émané de tous, la représentation nationale ! Nul ne doit confondre et mêler ses propres affaires avec celles du pays.

Conservons cette unité politique qui a fait notre force dans le passé, et qui nous aurait rendus invincibles, si elle n'était tombée dans les mains des despotes et des tyrans ; resserrons-en les liens au lieu de les relâcher. Continuons l'œuvre de nos ancêtres, et faisons, enfin, que les intérêts politiques ou économiques de tel ou tel département soient ceux de la France entière ! Notre programme est facile à tracer : Liberté pour tous les individus composant le corps social ; liberté pour les collections d'individus appelés à vivre d'une vie commune, mais union absolue entre tous ces éléments qui constituent l'État, centralisation absolue, inattaquable ! Ce qui a fait la force de la France pendant plusieurs siècles ne saurait aujourd'hui la faire décheoir.

L'œuvre que la Commune se proposait d'accomplir était l'inverse du programme que nous venons de tracer ; son but était de détruire l'unification française, à laquelle tant de générations avaient travaillé. Elle voulait anéantir le travail, que la royauté avait mis plusieurs centaines d'années à accomplir, le travail que la Révolution avait fait aboutir dans des jours de luttes et de tempêtes. Réformateurs hardis, ils veulent effacer toute notre histoire, détruire cette magnifique unité, empreinte du sceau de notre génie national.

Pour cela, ils vont remonter au treizième siècle, écarteler la France, éparpiller au hasard ses membres mutilés, donner à chacun une vie particulière, et comme point de contact, leur imposer la Fédération ! Comme si l'on pouvait ainsi tailler et rogner dans la chair d'un pays, comme si l'on pouvait le découper à sa fantaisie ! Et cependant, cette idée trouve des approbateurs et des défenseurs : la Commune l'adopte et la propose à la France dans son manifeste ; un publiciste connu, M. E. Girardin, s'en saisit comme d'une idée nouvelle, et s'en fait le champion en province ; un journal très-répandu, le *Siècle*, la patronne et la soutient par la plume d'un étranger, M. H. Cernuschi, par la plume d'un écrivain distingué, M. Théodore Duot, par la plume d'un martyr républicain, M. Gustave Chaudey.

Mais l'opinion ne s'émut pas de cette propagande ; elle laissa les déclamateurs s'ingénier : l'idée ne fut pas prise au sérieux, à peine fut-elle combattue. La tradition française monarchique et jacobine est trop vivante, trop conforme au génie national, pour que l'on puisse aujourd'hui l'oublier et y substituer un système nouveau, contraire à nos mœurs et à nos intérêts. Le système politique de la Commune, comme son système économique resta à l'état de lettre morte ; il ne se trouva personne pour en faire l'essai ; ce mot de fédération jeté comme par hasard dans la lutte resta incompris de la plupart des Français.

Mais admettons un moment que la fédération ait pu séduire les Parisiens, et qu'ils l'aient admise comme la forme de gouvernement la meilleure ; faut-il croire que la province ait pu suivre la capitale dans cette voie; est-il de son intérêt de renverser l'unité française pour y substituer l'autonomie communale? Nous ne le croyons pas : en effet, nous serions en droit de poser en principe que la Commune de Paris l'emporterait d'autant sur les autres communes que sa population est plus nombreuse, sa richesse mieux établie, ses ressources plus abondantes. A peine est-il besoin d'énumérer les différences qu'il y aurait entre Paris et les autres villes ; dans la capitale, la Commune disposerait d'une force armée de plus de quatre cent mille hommes, et d'un budget de plus d'un milliard ; que serait à côté la commune de Puteaux et celle de Saint-Denis, ne pouvant mettre sur pied que quelques centaines de gardes nationaux, et n'ayant pour revenu annuel qu'un ou deux millions?

La première l'emporterait nécessairement sur la seconde, et finirait même par l'absorber. Il arriverait fatalement (qu'on nous passe une expression vulgaire), que Paris ferait la boule de neige, et s'assimilerait les communes plus faibles que lui les unes après les autres; dans ces conditions, il n'y aurait pas de véritable fédération possible. Objecte-t-on que les membres du conseil communal de la capitale auront assez de sagesse et de modération pour empêcher cette absorption que nous croyons fatale et nécessaire; au moins faut-il reconnaître que Paris jouirait d'une grande suprématie sur toutes les autres villes de France. Cela est tellement vrai que la Commune de 1871 a été contrainte de l'avouer implicitement dans la proclamation, fort modérée cependant, qu'elle adressait à la province; elle dit : « *Que veut* Paris ? — l'autonomie absolue de la commune étendue à toutes les localités de la France….. Paris ne *veut* rien de plus à titre de garanties locales, *à condition* de retrouver dans la grande administration centrale la réalisation et la pratique des *mêmes* principes. » Ainsi, la modération de la forme n'exclut pas l'expression de la volonté de Paris; la capitale n'entend pas seulement nommer son propre gouvernement, elle *veut* que toutes les localités de la France suivent son exemple; n'est-ce pas faire acte de souveraineté; que sera-ce donc, lorsque la fédération sera constituée? Cette suprématie qu'on affiche déjà ne fera qu'augmenter, et il y aura certainement danger pour la liberté des autres communes. D'ailleurs, ce péril avait été signalé depuis longtemps aux méditations des hommes politiques.

Voici ce que nous lisons dans le numéro 15 des *Révolutions de Paris*, par Prud'homme, à propos d'une délégation de la municipalité qui s'était présentée à la première séance de l'Assemblée nationale :

« La première ville d'un vaste empire, a dit M. le président de l'Assemblée, eut toujours une influence immense sur sa destinée. »

« Voilà précisément, dit Prud'homme, ce que les provinces ne veulent pas, et avec raison; une ville qui a une influence immense sur la destinée d'un empire est une ville aristocrate ou despote. Nous ne nous lasserons point de le répéter, l'égalité est la seule base solide de la concorde entre Paris et les provinces….. Tout ce qui pourrait entretenir les

Parisiens dans l'idée d'une supériorité qui n'a point de fondement, ne peut qu'être funeste à l'harmonie qui doit régner entre les différentes parties de l'État, et sans laquelle la Constitution ne s'achèvera pas. »

L'étude de cette grande époque qui s'étend de 1789 à 1791 est féconde en enseignements de toutes sortes ; plus on apprend à la connaître, plus on se convainct que les chefs de l'insurrection du 18 mars étaient des individus sans intelligence. Ils voulurent imiter la Révolution, et ils ne surent que lui emprunter des mots, ou bien des institutions que les plus purs républicains avaient combattues dans leurs excès et dans leurs violences.

Écoutons Camille Desmoulins dans son numéro V du *Vieux Cordelier* : « Est-ce ma faute, enfin, s'il m'a semblé que des pouvoirs subalternes sortaient de leurs limites et se débordaient ; qu'une commune, au lieu de se renfermer dans l'exécution des lois, usurpait la puissance législative, en rendant de véritables décrets sur la fermeture des églises, sur les certificats de civisme, etc. ? L'anarchie, en rendant tous les hommes maîtres, les réduit bientôt à n'avoir qu'un seul maître. » Nous pourrions nous laisser entraîner par le sujet et faire nombre de citations empruntées à des auteurs révolutionnaires.

Nous terminerons par une observation qui ne manque pas d'importance : dans les deux républiques fédératives qui seules existent dans le monde, la Suisse et les États-Unis, dans l'empire d'Allemagne, qui ressemble assez à une fédération, il n'y a aucune ville qui l'emporte d'autant sur les autres villes que

Paris l'emporte sur Lyon, Marseille ou Bordeaux. En Amérique, New-York compte un grand nombre d'habitants; mais elle ne saurait faire une capitale; en Suisse, les trois principales villes sont d'une importance à peu près égale; en Allemagne, Berlin n'est guère plus considérable que Hambourg ou que Francfort. Sous le rapport des traditions politiques, il n'y a guère en Europe que Londres qui puisse être comparé à Paris par son histoire et sa longue prépondérance sur les autres centres de population, d'industrie et de commerce. Pour nous résumer, la fédération ne rencontre en France aucun des éléments qui ont servi à la constituer dans les pays où elle existe; elle est contraire à toutes les traditions et opposée au génie national; enfin l'expérience semble démontrer qu'elle ne saurait s'établir sérieusement dans un pays où elle n'a aucune racine.

La Commune ne se contenta pas de vouloir imposer son gouvernement à la France; elle rêva la république universelle; si elle ne voulut pas, comme le bon Clootz, « guillotiner les tyrans de la Chine et du Monomotapa, » comme lui, du moins, elle afficha un zèle exagéré pour la cause du genre humain. Mais, chez elle, ces prétentions avaient une toute autre importance que chez le Montagnard prussien. Issue de l'Internationale, elle poursuivait le triomphe des idées que cette société avait acceptées; l'insurrection dont la France et Paris en particulier, avaient été les victimes, avait son origine dans un plan depuis longtemps médité et préparé; il était l'œuvre de ce Karl Marx, Allemand comme Anacharsis Clootz, fondateur et grand-maître de l'Internationale. Ce plan menaçait et menace tous les États d'Europe, où la société compte des adhérents. Il s'agit de gagner les classes ouvrières, de leur inspirer la haine du capital et le désir de la possession, de les discipliner et de les enrégimenter ; une fois ce travail accompli, on doit les déchaîner contre les gouvernements établis, moins pour changer les systèmes politiques en vigueur que pour détruire et renverser la société actuelle.

Une idée semblable ne pouvait sortir que d'une cervelle allemande ; à d'autres époques, on ne l'aurait considérée que comme une utopie ; aujourd'hui, si l'on ne peut admettre la possibilité de sa réalisation, du moins on est en droit de redouter les bouleversements qui s'ensuivraient, si elle recevait un commencement d'exécution. On peut en juger par ce qui s'est passé en France ; dans notre malheureux pays, où les esprits sont si mobiles et les passions si faciles à déchaîner, l'Internationale se trouva assez forte pour agir ; on sait comment elle manifesta sa puissance, et de quelle façon elle fit triompher ses idées sociales et politiques. Les autres nations de l'Europe n'ont pas suffisamment compris que ce fléau qui s'abattait sur la France les menaçait également.

Ce n'est qu'une première bataille livrée et perdue par l'Internationale ; elle n'est vaincue qu'à Paris et elle peut transporter la lutte en Angleterre, en Belgique, en Allemagne ou en Espagne. Son armée est nombreuse, active et déterminée : battue sur un point, elle se reforme sur un autre ; ses généraux changent volontiers de quartier général et se font insaisissables ; aujourd'hui à Londres, demain à Paris ou à Lyon, ils semblent s'être donné rendez-vous sur les frontières d'Espagne, prêts à se jeter sur ce dernier pays ou sur la France, selon que l'occasion leur semblera favorable. Quant au chef suprême, il reste immobile et dirige, sans être inquiété, tous les fils de cette immense conspiration qui enserrent l'Europe entière. La société prévenue a le devoir de se tenir sur ses gardes ; elle connaît les ressources immenses dont dispose l'Internationale ; elle sait les projets dont elle poursuit la réalisation ; elle ne peut, elle ne doit pas se tromper sur le sens de ces mots : « *république universelle,* » qui ne signifient pas autre chose que la ruine et le renversement de toutes les institutions actuelles.

D'ailleurs, nous nous sommes déjà longuement étendu sur les théories sociales que la Commune parisienne a voulu faire prévaloir ; nous avons étudié son système politique général ; il nous reste à entrer dans quelques détails sur la façon dont elle entend réaliser son programme.

Le premier et le principal prétexte de l'insurrection fut le maintien de la République qui n'était alors menacée par personne. Cette forme de gouvernement, la meilleure selon nous, implique une série de réformes dans l'ordre administratif, politique, financier et judiciaire ; mais ces réformes ne peuvent venir qu'avec l'aide du temps et par une progression continue. Il est cependant des principes qui sont essentiels et sans lesquels on peut dire qu'il n'existe pas de république ; c'est ce que nos pères ont voulu dire lorsqu'ils ont écrit en tête de leurs constitutions ces mots : « *Liberté, Égalité, Fraternité.* » Nous nous contenterons d'établir que ces trois grands principes ont été outrageusement violés par la Commune et que le gouvernement de l'Hôtel-de-Ville ne fut pas autre chose qu'une oligarchie dictatoriale. La liberté se manifeste dans les sociétés sous plusieurs formes : par la possession de soi-même, par le droit d'exprimer sa pensée, de se réunir, de pratiquer sa religion : à aucune époque de notre histoire, la liberté individuelle ne fut plus compromise ; les arrestations se multiplièrent, non pas les arrestations légales qui ont pour objet de retrancher de la société les individus dangereux et malfaisants. La passion politique, le fanatisme religieux furent les seuls guides des dictateurs de l'Hôtel-de-Ville ; prêtres, gendarmes, anciens sergents de ville, agents de police, remplirent les prisons ; on alla plus loin et on enferma des journalistes, des fonctionnaires, des officiers et des particuliers, quelquefois sous le prétexte qu'ils avaient servi un des gouvernements précédents, le plus souvent pour les dépouiller ; c'est ainsi que l'on arrêta le président Bonjean, le banquier suisse Jecker, le publiciste Gustave Chaudey, le directeur d'un journal illustré Polo, l'inspecteur général des halles et marchés Lucien Dubois, le docteur Morel et bien d'autres moins connus dont le crime était d'avoir joué un rôle politique ; ajoutez à cette liste une grande partie des prêtres parisiens, un nombre considérable d'individus appartenant à la police, des généraux comme Chanzy et des officiers dont quelques-uns furent fusillés; si nous comptons les simples particuliers qui avaient manifesté leur antipathie pour la Commune et si nous fermons la liste par les proscriptions intestines qui décimèrent les généraux, les fonctionnaires, les officiers et les membres même de la Commune ou du Comité central, nous arriverons à un chiffre assez respectable pour convaincre les plus incrédules que la République du 18 mars ne sut pas respecter la première et la plus essentielle des libertés : la liberté individuelle. Comme dernier trait, rappelons le décret du Comité de salut public qui ordonne le port obligatoire d'une carte de civisme; cette mesure, empruntée à l'époque révolutionnaire, n'était autre chose que l'extension de la loi des suspects, jugée insuffisante. Elle ne put heureusement pas être appliquée faute de temps, mais elle montre ce qui nous était réservé dans l'avenir si l'insurrection avait triomphé.

Nous ne parlerions de la liberté de la presse que pour mémoire si nous ne tenions à mettre en regard des actes de la Commune les protestations violentes qui s'élevèrent du sein de la presse insurrectionnelle lorsque le général Vinoy, appliquant les lois qui régissent l'état de siége, supprima les journaux dévoués à l'Internationale et au Comité central. Il est bon de faire ressortir l'hypocrisie des publicistes qui, comme Félix Pyat, désapprouvaient les mesures dont ils étaient les instigateurs et protestaient dans leurs feuilles contre les suppressions de journaux qu'ils avaient votées ; jamais on ne vit en si peu de temps hécatombe pareille ; Rigault, Cournet et Ferré rivalisèrent de zèle ; plus de trente feuilles publiques disparurent pendant les deux mois de règne de la Commune.

Quant au droit de réunion, il fut mieux traité ; on favorisa la création de clubs nombreux et on mit les églises à leur disposition ; on avait même arrêté en principe la formation d'un club central renouvelé des jacobins ; l'armée de Versailles empêcha l'exécution de ce beau projet. D'ailleurs, si l'insurrection aimait les réunions politiques, elle ne supportait pas les contradicteurs et les opposants ; les orateurs qui lui déplaisaient étaient arrêtés en descendant de la tribune ; et même, lorsqu'elle pressentait qu'une réunion devait lui être hostile, elle l'interdisait sous prétexte que la réaction prenait tous les masques ; c'est ainsi que la Bourse fut fermée et gardée le jour où un grand nombre de citoyens appartenant aux quartiers du centre devaient s'y rendre pour aviser aux moyens d'éviter l'effusion du sang.

La Commune ne sut pas davantage respecter la liberté de conscience, elle décréta la séparation de l'Église et de l'État, se réservant de faire valoir ses droits sur les édifices affectés au culte et appartenant à la ville : rien de mieux ; mais en même temps elle prononçait la confiscation des biens de main-morte et elle ordonnait des perquisitions dans les établissements religieux sous prétexte de rechercher des armes qui y étaient cachées. Bientôt elle fit arrêter les prêtres comme otages; elle chassa les élèves du séminaire de Saint-Sulpice, pénétra dans les couvents et fit main basse sur les objets précieux. Ce fut une véritable persécution; nous n'avons pas trop de blâmes contre cette façon violente d'agir; nous comprenons que la Commune ne se soit pas montrée favorable au clergé dont elle avait tout à craindre; la réaction monarchique et cléricale avait été une des causes de l'insurrection; elle avait justifié jusqu'à un certain point la crainte de voir la République renversée au profit d'un roi; les malheurs qui s'étaient abattus sur Paris n'avaient pu la désarmer; elle cherchait à le décapitaliser et elle n'apportait à l'Assemblée que des sentiments de haine, alors que la conciliation aurait dû être un devoir. Mais si nous voulons la justice, c'est surtout à l'égard de nos adversaires. Si la Commune les croyait véritablement coupables, elle devait leur donner des juges et ne pas les arrêter et les assassiner; elle ne devait pas inventer d'atroces calomnies et les répandre dans le public; elle ne devait pas voler les vases sacrés qui n'appartenaient en rien à la ville; elle devait laisser aux fidèles la liberté de pratiquer la religion et ne pas fermer les églises; en un mot, elle devait mettre hors de cause la liberté de conscience et ne pas porter à la religion des coups qui ne pouvaient que lui profiter.

Si la liberté était violée sous toutes ses formes et dans toutes ses manifestations, le principe d'égalité n'était pas mieux respecté. La Commune rétablit la confiscation qui avait disparu de nos lois depuis la Charte de 1815 et dont Napoléon III seul avait osé se servir en dépouillant la famille d'Orléans. Cette peine odieuse, qui ne frappe que les classes riches et atteint des innocents, fut appliquée aux membres du gouvernement; il ne faut pas d'ailleurs attacher trop d'importance à ces confiscations : les hommes qui dirigeaient l'insurrection agissaient sous la pression de passions haineuses; mais ils ne comprenaient pas toute la portée de leurs actes et ignoraient même l'histoire contemporaine; ils ne savaient pas qu'ils étaient les imitateurs des deux Napoléon qu'ils poursuivaient cependant jusques dans les monuments élevés à la gloire militaire du premier : nous venons de dire, en effet, qu'un des premiers actes qui suivirent le coup d'État de 1851 fut la confiscation des biens des princes d'Orléans; quant au vaincu de Waterloo, s'il n'avait pu se rallier les classes bourgeoises par la constitution rédigée par Benjamin Constant et qu'il promulgua à son retour de l'île d'Elbe, c'est que justement il n'y avait pas inscrit l'abolition de la peine de confiscation. L'atteinte la plus sérieuse à l'égalité fut portée par la Commune dans son décret sur les otages; elle laissa percer ses véritables sentiments, lorsqu'elle voulut que les malheureux destinés à la mort fussent pris autant que possible dans les trois ordres : clergé, bourgeoisie, armée.

Cette fois, elle comprenait parfaitement le coup qu'elle frappait. Elle obéissait aux principes de l'Internationale, qui semble avoir juré la destruction du capital et de ceux qui le possèdent. Il ne s'agit plus d'élever les classes ouvrières au niveau des classes bourgeoises, de leur assurer les mêmes droits et de leur donner les mêmes devoirs. On veut, dorénavant, qu'elles soient tout dans l'état. C'est la proposition de Seyès modifiée au profit du prolétariat. Cinquante années de révolutions nous avaient amenés jusqu'à l'établissement du suffrage universel, qui, malgré ses imperfections, est l'expression la plus complète du progrès humain, parce qu'il a fait tomber les dernières barrières qui entravaient l'égalité. Les hommes du 18 mars veulent remonter le courant des révolutions, rétablir la distinction des classes, et assurer la suprématie aux ouvriers enrôlés sous les drapeaux de l'Internationale. Ces tendances se traduisirent par des faits.

La Commune ne reconnut d'autres citoyens actifs que les gardes nationaux, c'est-à-dire les soldats de l'émeute et de l'insurrection. Eux seuls sont appelés à composer le jury; eux seuls sont appelés à voter. D'un trait de plume, on exclu de la vie civile et politique la classe nombreuse des individus qui sont incapables de porter les armes et ceux qui se refusent à servir un gouvernement insurrectionnel. Quant au principe de fraternité, principe tout moral et qui ne se manifeste dans les sociétés que par le progrès et l'amélioration des mœurs, nous n'avons pas besoin de dire qu'il ne pouvait trouver son application sous un gouvernement composé de gens inconnus à la population, inconnus à eux-mêmes, qui vivaient sous le poids d'une terreur perpétuelle, et se méfiaient les uns des autres; tout leur était suspect : leurs collègues, les généraux dont ils se servaient, leurs soldats même.

Voilà la république dont on nous demandait le maintien, la république pour laquelle tant de malheureux ont versé leur sang! Si c'était là véritablement le gouvernement de l'avenir, le passé nous semblerait meilleur, et nous n'hésiterions pas à en demander le retour.

Avant de terminer l'histoire de la Commune, il nous reste à examiner les relations qu'elle entretint avec la province et avec la Prusse. Le mouvement insurrectionnel ne fut pas borné à Paris, il s'étendit à la plupart des grandes villes où l'Internationale avait des adhérents; les centres manufacturiers furent plus particulièrement atteints. La Commune ne mentait pas lorsque, dans les premiers jours d'avril, elle annonçait que la province venait à son aide; elle était en droit de compter sur le secours des populations ouvrières du Midi, affiliées à la grande société et dévouées de tout temps au parti républicain radical. Le gouvernement siégeant à Versailles se vit un instant dans une situation déplorable; chassé de Paris, il croyait pouvoir compter sur les départements. Mais beaucoup de ceux-ci refusaient leur concours; quelques-uns même étaient plutôt disposés à tendre la main à Paris et à propager dans la France entière la Révolution du 18 mars. Il y eut, en effet, dans tout le Midi et dans quelques villes du centre, une grande prise d'armes, organisée par des délégués envoyés de la capitale par Paschal

Grousset. A Marseille, un avocat du barreau de la ville se faisait le chef du mouvement; il nommait un général, Pélissier, et accueillait Landeck et Mégy, arrivés de Paris pour diriger l'insurrection et lui donner la même impulsion que dans la capitale. Mais l'armée triompha facilement de la garde nationale et rétablit l'autorité du gouvernement légal. Paschal Grousset ne se découragea pas, et il envoya Abel Peyrouton pour tenter un nouvel effort; le nouveau délégué échoua comme ses prédécesseurs, et il fut arrêté sans avoir eu la consolation d'exciter la plus petite émeute. A Toulouse, tout était prêt depuis longtemps pour une révolution; le préfet, Armand Duportal, ancien rédacteur en chef de *l'Émancipation*, était le chef reconnu du parti radical; à ce titre, il regardait la Préfecture comme sa possession, et n'admettait pas qu'on voulût l'en dépouiller. Aussi, l'arrivée de M. de Kératry, venu pour le remplacer, le mit dans une telle colère, qu'il n'hésita pas à demander à l'insurrection la continuation de ses pouvoirs; il réunit au Capitole une grande partie de la garde nationale et manifesta l'intention de se défendre. Heureusement, si les têtes méridionales s'échauffent facilement, l'enthousiasme et la colère s'apaisent chez elles plus rapidement encore. Il n'y eut pas de sang versé. M. de Kératry prit possession de la préfecture sans nouvelle opposition. Quant à Duportal, les jurés de Pau, prenant en considération son passé sans tache et les épreuves glorieuses de sa vie politique, l'ont acquitté.

Les faubourgs de Lyon s'agitèrent seuls. Il y eut des troubles à la Guillotière et à la Croix-Rousse; mais le reste de la ville fut calme et se contenta d'une révolution pacifique. Lorsque le conseil municipal fut élu, il choisit lui-même son maire, malgré la loi qui le lui interdisait. Le choix, du reste, tomba sur un républicain honnête et sincère, M. Hénon, que le gouvernement légal ne pouvait qu'accepter.

Pour en finir avec le Midi, rappelons qu'il y eut des émeutes à Bordeaux, à Saint-Étienne, à Perpignan, à Grenoble, à Béziers et à Montpellier. A Narbonne, un sieur Montel, capitaine de la garde nationale de Paris, essaya de faire proclamer la Commune; il ne put réussir. A Périgueux, les ouvriers voulurent empêcher le départ de wagons blindés destinés à l'armée de Versailles. Dans le centre et au nord, les manifestations en faveur de la Commune furent moins nombreuses, et surtout n'eurent pas le même caractère de gravité. Cependant, le nombre d'ouvriers accumulés au Creuzot put faire craindre un instant que l'émeute ne devînt sérieuse. Le souvenir d'Assi, les ferments de discorde qu'il avait jetés dans le pays, la puissance de l'Internationale dans les usines, amenèrent une sorte d'insurrection qui fut bien vite étouffée. Les troubles de Limoges furent marqués par un incident douloureux : Le colonel Billet, qui avait commandé la fameuse charge des cuirassiers à Reishchoffen, tomba mortellement frappé. A Clermont-Ferrand, on s'indigna de la demande faite par l'Assemblée d'envoyer des volontaires à Versailles; une bande de séditieux parcourut la ville aux cris de : « Vive Paris! A bas Versailles! » Citons encore, pour mémoire, les tentatives sans importance qui furent faites en faveur de la Commune, à Guéret, à Thiers, à Boulogne-sur-Seine, au Mans et à Dunkerque. Dans quelques ports de mer, où le gouvernement envoya les fédérés prisonniers, la pitié revêtit plusieurs fois un caractère plus énergique, et il y eut des scènes tumultueuses.

La province n'eut pas seulement recours à l'insurrection pour venir en aide à la Commune de Paris. Un nombre de villes considérable cédèrent aux appels perfides de l'Alliance républicaine. Les conseils municipaux envoyèrent des délégations nombreuses à M. Thiers, pour tâcher d'arriver à une solution pacifique du conflit; quelques-uns agirent sincèrement et ne cherchèrent que les moyens d'arriver à la conciliation; d'autres ne cachèrent pas leurs sympathies pour la Commune, et poursuivirent plutôt son triomphe que la victoire de l'Assemblée et du gouvernement légitime. Les démarches les plus importantes faites en ce sens sont celles des conseils municipaux de Lyon, de Bordeaux, du Havre, de Blois, de Châlons, de Saint-Omer, du Cateau, d'Uzès, d'Alais; les noms d'une infinité d'autres villes nous échappent.

Nous ne tirerons qu'une conclusion de cet immense mouvement provincial; c'est qu'en dehors de l'Internationale et du socialisme il y a en France un parti républicain très-fort, très-considérable, très-ardent, dont il faut tenir compte, sous peine de tomber dans de nouvelles révolutions. Je ne sais si ce parti forme la majorité de la nation, mais en tout cas, il gagne tous les jours du terrain, et pour avoir des chances de durée tout gouvernement devra s'appuyer sur lui.

Paschal Grousset avait envoyé en province une quantité d'agents. Il avait fait preuve d'un grand zèle et jouait un rôle important dans le gouvernement insurrectionnel. Mais il y a dans sa conduite un point sur lequel il faut appeler l'attention, parce que, jusqu'à présent, il est resté dans l'ombre; le délégué aux relations extérieures n'avait pas seulement les départements dans ses attributions; il devait en outre entrer en rapport avec les puissances étrangères. Les documents relatifs à la diplomatie communale manquent complétement. Nous ne connaissons guère que la notification officielle faite par Grousset aux cabinets européens de l'établissement d'un gouvernement communal à Paris. Cependant, tout fait supposer que les relations étrangères ne se sont pas bornées à cet acte insignifiant et ridicule. Dans la situation où se trouvait Paris, cerné en partie par les troupes prussiennes, il devait y avoir des rapports fréquents entre les représentants de la Commune en état de guerre et les officiers allemands chargés de veiller à l'exécution parfaite des conditions de paix.

De ce côté, nous savons à peu près tout ce qui s'est passé; une des premières démarches de la Commune fut d'envoyer à l'état-major prussien des délégués chargés d'assurer qu'elle respecterait les préliminaires de paix ; plus tard, envois répétés d'officiers pour s'informer si les forts de la rive droite allaient être remis aux mains de la troupe régulière ; en dernier lieu, sommation des Prussiens de désarmer Vincennes et de n'y laisser que la garnison déterminée par le traité de paix ; jusque-là, rien que de fort naturel ; mais ce qui nous étonne, c'est la correspondance échangée entre Paschal Grousset et le général de Fabrice : c'est une lettre signée Eugène K....., dans laquelle on prévient le délégué aux relations extérieures qu'un officier prussien l'attend à la barrière de Charenton. Nous nous demandons à quel emploi étaient destinées ces sommes s'élevant à 29,657 francs et dont on a les reçus signés Kuneman ; on ne peut s'empêcher de concevoir des soupçons sur le patriotisme de la Commune, d'autant plus que Paschal Grousset se refuse à donner les explications si nécessaires cependant. Ce qui semble certain, c'est que la Prusse a joué un certain rôle dans l'insurrection, ou du moins qu'elle était appelée à en jouer un.

En effet, le délégué aux finances nous a appris qu'un envoyé de Francfort lui avait offert 50 millions contre la collection de tableaux du Louvre ; c'était à coup sûr une demande bien audacieuse et que l'on n'aurait jamais osé faire au gouvernement de la Défense nationale ; mais M. de Bismark connaît si bien les hommes !

Rappelons encore la proposition du citoyen membre de la Commune Rastoul ; voyant la bataille perdue, il voulait que l'on massât les bataillons à Belleville et à Ménilmontant, que les membres de la Commune revêtus de leurs insignes les conduisissent au devant des Prussiens, pour leur demander un refuge, et l'assurance d'un passage en Amérique. Si ce projet, qui ne fut pas même publié, n'a pas grande importance, il en est autrement des passe-ports prussiens trouvés au ministère des affaires étrangères et de cette lettre singulière adressée à Assi :

« Cher, — Reçu vos deux lettres. Merci. Tout est prêt. Je préfère que vous fassiez 50 groupes de 10, plutôt que 10 groupes de 50. Cependant, vous êtes sur les lieux. Faites pour le mieux. — L'entrée dans Paris est-elle bien certaine? Si oui, tant mieux. La patrie sera vengée. Les républicains frères y gagneront un despote de moins.

« Seulement, qu'on vise bien aux têtes.

« Vous connaissez l'itinéraire. N'oubliez pas les nids d'hirondelles et les petites lunes. De là on est sûr de son coup et en sûreté.

« Du reste, j'y serai et le maçon aussi.

« Brûlez cette lettre ; elle compromettrait les frères prussiens.

« Encore une fois, tout va bien, et sur 500 c..., ce serait miraculeux que 3 au moins ne porteraient pas

« Vive la République! »

(Puis des signes).

Nous ne voulons pas donner à cette lettre une trop grande importance ; Assi a nié qu'elle lui fut adressée ; il a même prétendu qu'elle était inventée par la police; nous ne saurions le croire; malgré l'obscurité des termes et les déguisements de la pensée, nous trouvons des indications tellement graves qu'il faudrait supposer au faussaire des connaissances tout à fait exceptionnelles et des relations directes avec les chefs de l'Internationale; nous avons raconté la conduite de cette société en France et en Prusse pendant la dernière guerre ; elle joua dans les deux pays le même rôle de désorganisatrice ; elle chercha à y entraver également l'attaque et la défense : Pour expliquer et commenter la lettre que nous venons de rapporter, il faudrait se livrer à des hypothèses qui n'ont pas assez de fondement pour prendre place dans une composition historique. Nous pouvons simplement affirmer que pour l'Internationale, il n'y a pas de frontières, pas de nationalités ; le but qu'elle poursuit est le même dans tous les pays

Le triomphe de la Commune à Paris n'eût pas été pour elle restreint à la France ; de même qu'elle avait, par sa force et son influence, puissamment aidé à l'insurrection du 18 mars, elle était en droit de compter sur l'appui moral et matériel de la Commune pour continuer sa propagande dans les pays étrangers, et pour y préparer un mouvement analogue, lorsque le moment serait venu. Partant de cette idée difficilement contestable, il nous sera fort aisé d'expliquer le rôle de la Prusse pendant cette fatale période de deux mois qui a mis la France et la civilisation en péril. Au point de vue politique et militaire, M. le comte de Bismarck avait un double intérêt à plonger dans notre pays une agitation aussi formidable qui nous mettait dans une complète impuissance.

D'un côté, M. Thiers ne pouvait réorganiser l'armée tout en combattant; de l'autre, M. Jules Favre manquait, par suite des événements, de l'autorité nécessaire pour discuter les clauses du traité de paix et pour défendre nos intérêts; derrière ses protestations patriotiques, il n'y avait pas la menace de deux cent mille baïonnettes occupées à réprimer l'insurrection; il était donc forcé de subir toutes les exigences du chancelier de l'empire; ceux qui ont accusé notre ministre d'impuissance et d'incapacité sont des gens lâches et de mauvaise foi; car ils savent que jamais traité ne fut conclu dans des conditions aussi désastreuses; les traités de 1815, que personne ne songe à imputer à M. de Talleyrand, ont été bien autrement calamiteux pour nous, quoique notre puissance ne fut pas alors tombée aussi bas qu'elle l'est aujourd'hui; car, deux années après, on peut dire que la France avait réparé tous ses maux, pansé toutes ses plaies; qui donc, au contraire, oserait prétendre que dans une espace de deux ans, les traces de l'invasion auront disparu comme elles avaient disparu en 1817 et en 1818?

Enfin, c'est grâce à l'insurrection que M. de Bismarck a pu exiger que les troupes allemandes restassent en France, tant que l'ordre et la stabilité ne lui paraîtraient pas assurés.

Si maintenant nous nous plaçons au point de vue de l'Internationale, nous sommes en droit de dire qu'elle était l'instrument le plus commode, le plus discret que le chancelier de l'empire eût entre ses mains : l'Allemagne est, comme on sait, la terre classique du socialisme et des utopies humanitaires et philosophiques; du reste, on y a rarement passé de la théorie à l'exécution; de telle sorte qu'on est accoutumé à y entendre prêcher les doctrines les plus extravagantes, sans s'émouvoir jamais. M. de Bismarck chercha à tirer parti des sectaires de toute sorte dont l'Allemagne est remplie; ils l'aidèrent dans sa grande œuvre d'unification. Plus tard, il ne trouva rien de mieux que de s'en servir contre nous et de leur donner l'essor, comptant bien qu'ils s'abattraient sur la France plutôt que sur la Prusse où ils auraient rencontré des obstacles de toute nature. Son calcul était juste, et l'Internationale allemande fit sur nous comme *in animâ vili*, l'expérience de ses systèmes politiques et sociaux.

Heureusement, l'arme dont s'est servi M. de Bismarck était à deux tranchants; elle a porté un coup terrible à la France, mais elle s'est émoussée; aujourd'hui, elle se retourne contre celui qui croyait la maintenir et la diriger dans ses mains puissantes. Le 5 juillet, le socialisme a tenu ses grandes assises à Berlin même; il a donné son approbation à l'œuvre de la Commune de Paris; mais en même temps, il a dressé menaçant un programme politique et économique dont il veut doter l'Allemagne; ce n'est pas à nous de nous en effrayer outre mesure; M. de Bismarck a ouvert les digues au torrent; il a passé sur notre pays et semble vouloir creuser son lit en Prusse: tant mieux. Du reste, les symptômes sont les mêmes à Berlin qu'en France; chez nous, les grèves se multipliaient depuis quelques années et devenaient de plus en plus dangereuses ; elles ont abouti à l'insurrection ; à Berlin, une grève considérable, la grève des maçons, a duré plus d'un mois; il est temps de veiller aux conséquences.

Nous venons d'indiquer l'influence fatale de l'insurrection sur les conditions de paix que la Prusse, grâce à elle, put nous imposer; la Commune, sciemment peut-être, s'est faite l'auxiliaire de M. de Bismarck ; c'est une tache indélébile qui ne s'effacera pas aux yeux des Français; d'ailleurs, quel patriotisme demander à des gens venus de tous les coins du monde, à des aventuriers en quête de pouvoir et de fortune? Aux yeux de l'avenir, le Comité central et la Commune doivent disparaître; on ne verra que l'Internationale et les instruments dont elle s'est servi; on arrachera les masques de ces hommes qui ont paru vouloir faire revivre la grande Révolution, et qui n'ont su que lui emprunter des mots et des institutions passagères; on se refusera à voir en eux les continuateurs de la grande tradition jacobine et montagnarde; la *Lanterne* de Rochefort ne fera pas oublier la lanterne de Camille Desmoulins ; tout au plus si le *Père-Duchesne* de Vermesch rappelle le *Père-Duchesne* d'Hébert.

La Commune de 1793 était une institution municipale; elle avait empiété sur le pouvoir législatif il est vrai; mais la Convention n'en restait pas moins debout, maîtresse toute puissante, faisant seule la paix et la guerre. Le Comité de salut public et le Comité de sûreté générale n'étaient que des émanations de la souveraineté résidant dans l'Assemblée : il y avait dans tout cela un enchaînement admirable, une complication de rouages qui ne ressemble en rien à l'anarchie que nous avons vue régner à Paris pendant deux mois. Et l'Internationale, cette société dont le nom seul n'est pas secret, officine de conspirations ténébreuses, oserions-nous la comparer à cette société jacobine qui étendaient ses réseaux sur toute la France, ne poursuivant d'autre but que la conquête morale des individus et leur génération politique. L'insurrection du 18 mars n'offre aucun trait nouveau, n'apporte aucune idée nouvelle ; ce n'est qu'un plagiat honteux, une imitation servile des hommes qui ont joué un rôle si grand dans le monde qu'ils ont changé la face de l'Europe et préparé l'avénement des républiques futures. Encore, si nous avions vu reparaître les ombres de Mirabeau, de Danton et de Robespierre ; mais non, c'est à peine si nous pouvons saisir quelques vagues ressemblances avec Marat, Hébert ou Collot d'Herbois. A qui comparer la figure sinistre de Delescluze et le masque cynique de Rigault? Ferré nous rappelle Maillard et c'est tout ; mais où trouver Desmoulins, Couthon et Saint-Just ; la Commune est un composé de grotesques lâches et farouches, qui poussent les masses en avant, les donnent en pature à la mitraille et attendent en tremblant qu'un message leur apporte la nouvelle de la défaite ou de la victoire, prêts à exalter le triomphe, ou, s'ils sont vaincus, à se sauver. Ne leur faisons pas l'honneur de les comparer à des hommes qui ont sacrifié leur vie à l'établissement de la République et à la défense de la patrie ; les Montagnards ont porté leur tête sur l'échafaud bravement et ils ont montré que s'ils faisaient répandre le sang, ils ne craignaient pas de verser le leur. Quel rapport peut-il y avoir entre Pyat, cet aboyeur de trétaux, et Danton, qui laisse la mort venir à lui parce qu'il ne peut emporter la patrie à la semelle de ses bottes? Si quelques-uns des hommes de 93 ont conservé leur vie, c'est que le couteau s'est lassé ; si Londres donne aujourd'hui l'hospitalité à tant de communards, c'est qu'ils ont cherché leur salut dans la fuite !

Si l'on veut absolument faire un rapprochement entre le 18 mars et une autre époque de notre histoire, c'est à Décembre 1851 qu'il faut nous reporter ; le coup d'État de Napoléon a servi d'exemple et de modèle aux insurgés. Comme lui, ils ont couvert Paris de leurs milices mercenaires et ils les ont postées, comme dans des embuscades, à la place Vendôme, à la Bastille, à l'Hôtel-de-Ville. Comme lui, ils ont massacré des citoyens inoffensifs et sans armes qui protestaient contre le crime au nom de la liberté violée. Comme lui, ils ont fait le silence autour d'eux et supprimé les journaux indépendants. Comme lui, ils ont multiplié les arrestations arbitraires et fusillés des innocents. Comme lui, ils ont voulu créer une armée de prétoriens et non de soldats. Comme lui, ils ont confisqué, volé, assassiné. Décembre 51, Mars 71 :

voilà les deux dates les plus fatales pour la liberté !

La Commune est tombée comme était tombé l'Empire dans le sang ; l'Internationale existe plus menaçante que jamais ; c'est à la société entière de prévenir ses coups et de lui faire une guerre à mort. Il reste encore l'Assemblée réactionnaire et légitimiste qui rêve le retour de 1815 et de la terreur blanche ; elle a été cause en partie de l'insurrection ; elle doit tomber sous la même réprobation et partager une défaite qu'elle a rendue tardive par ses fautes. A la France qui lui criait : République ! elle a répondu : Monarchie. A ceux qui réclamaient une transaction conciliatrice elle a jeté l'insulte et le défi. Si elle n'avait un titre au respect de tous, le droit, on devrait hâter par tous les moyens sa dissolution ; mais qu'elle y prenne garde : l'opinion demande une satisfaction et s'irrite de l'insistance que met l'Assemblée à rester à un poste qui ne lui a pas été confié ; si elle croit avoir rempli son mandat, qu'elle consulte les électeurs en se représentant devant eux ; ils lui répondront. Ne peut-on à la fin la considérer comme usurpatrice ? Faut-il lui rappeler que si la France a souffert de la Commune, elle souffre encore, et qu'il n'est pas patriotique de lui imposer une souffrance nouvelle : la réaction légitimiste, cléricale et monarchique !

Pour terminer, rappelons ces paroles de Camille Desmoulins. qui lui ont mérité l'échafaud, mais en même temps la reconnaissance de la postérité :

Aujourd'hui que la Convention (mettons l'Assemblée), vient de rejeter sur les intrigants, les patriotes tarés et les ultra-révolutionnaires en moustaches et en bonnet rouge, l'immense poids de terreur qui pesait sur elle; aujourd'hui, qu'elle a repris sur son piédestal l'attitude qui lui convenait dans la religion du peuple, et que le Comité de salut public (mettons la gauche), veut un gouvernement provisoire, respecté et assez fort pour contenir également les modérés (royalistes), et les exagérés (communards)... je pense bien différemment de ceux qui vous disent qu'il faut laisser la terreur à l'ordre du jour. Je suis certain au contraire que la liberté serait consolidée..., si vous aviez un comité de clémence... Je ne rougis point de n'être pas plus enragé que M. Brutus, or, voici ce que Brutus écrivait : « Vous feriez mieux, mon cher Cicéron, de mettre de la vigueur à couper court aux guerres civiles, qu'à exercer de la colère, et poursuivre vos ressentiments contre des vaincus. »

Ces paroles si sages et si honnêtes ne sont pas du goût de M. Louis Blanc; son cœur est ému, mais son esprit y trouve à redire. Son appréciation serait-elle la même, aujourd'hui que plus de trente mille infortunés gémissent dans les prisons en attendant l'heure du jugement? Il doit reconnaître que ce n'est pas par une répression impitoyable que l'on peut gagner les cœurs et apaiser les opinions. Que de vérités dans ces quelques lignes empruntées à Brutus par Desmoulins, et comme elles s'appliquent bien au chef du pouvoir exécutif de la République française : « Vous feriez mieux de mettre de la vigueur à couper court aux guerres civiles, » c'est-à-dire de prendre des mesures, de faire des lois qui préviennent le retour d'insurrections semblables à celle du 18 mars, de surveiller et de contenir la réaction monarchique qui ne reculerait, elle aussi, devant aucun attentat, pour assurer son triomphe et la satisfaction de ses haines! Souvenez-vous de Décembre 1851! « Qu'à exercer de la colère et poursuivre vos ressentiments contre des vaincus, » c'est-à-dire qu'à frapper des gens qui ne sont plus dangereux aujourd'hui, à perpétuer le souvenir de crimes que ne pourront laver le sang des coupables, et à poursuivre des ressentiments qui ne sont pas les vôtres, mais bien ceux d'une majorité aveugle qui veut se venger de la peur qu'elle a ressentie, et qui ne cherche dans des agitations nouvelles qu'un moyen de compromettre l'armée et de l'attacher définitivement à sa cause. Que les exemples de nos pères nous profitent.

Dans les sociétés anciennes, lorsque l'accroissement de la population diminuait les ressources de la nation, on formait une expédition, et les jeunes, le *ver sacrum*, s'enrôlaient et partaient sous la conduite d'un chef renommé, à la quête d'aventures et d'une contrée hospitalière : dans nos sociétés modernes, les vices et la débauche ont créé une population nombreuse d'individus déclassés, de patriotes tarés, d'ultra-révolutionnaires en moustaches et en bonnet rouge ; ceux-là ne diminuent pas seulement les ressources de la nation ; ils l'affaiblissent et la mettent en péril ; ils voudraient en faire leur pâture. Le temps des aventures est passé, et l'on ne peut les envoyer en Allemagne, chercher un pays où s'établir ; mais le nouveau monde, si riche et si improductif jusqu'à présent, leur tend les bras ; qu'ils le fécondent de leur activité jusqu'alors stérile et impuissante ; ils créeront une nouvelle patrie, peut-être rivale des États-Unis dans plusieurs siècles. L'écume de l'Europe rejetée sur d'autres continents est un engrais d'où sont sortis des peuples vigoureux et une civilisation rivale de la nôtre.

En France, la Commune a été impuissante ; son œuvre n'a été que la destruction et le néant : son système politique n'a été qu'un pastiche ridicule, ses réformes économiques sont absurdes et dérisoires ; dans l'administration, elle n'a su que conserver ce qui existait ; en général, elle s'est renfermée dans des théories vagues, et de ce beau programme social qu'elle avait annoncé elle n'a rien pu mettre en exécution.

Parmi les soldats de l'insurrection, beaucoup ont été égarés, beaucoup ont été poussés par le besoin : Que ceux-là soient rendus à leurs femmes, à leurs enfants et à leur pays : Quant à ceux des vrais coupables qui sont sous la main de la justice, qu'on ne fasse pas tomber leurs têtes ; mais qu'on les transporte dans des pays neufs et où ils n'auront pas à lutter contre les lois de la société ; qu'on les mette aux prises avec les nécessités de la vie, et qu'ils n'aient d'autres ressources que le travail ; quelques-uns mourront peut-être de leur paresse et de leurs vices ; mais la plupart, n'ayant plus rien à réformer, plus de théories à inventer et à appliquer, seront contraints de demander à la nature tout ce qu'elle peut produire; alors ils ne renverseront plus, mais ils bâtiront; ils ne brûleront pas leurs propres œuvres; ils ne demanderont pas la suppression du capital qu'ils auront gagné à la sueur de leurs fronts ; de destructeurs, ils deviendront forcément créateurs, et la France, qu'ils auront presque entraînée dans l'abîme, n'aura plus qu'à se glorifier de ses enfants !

FIN

LIBRAIRIE INTERNATIONALE

A. LACROIX, VERBOECHOVEN & Cⁱᵉ, Éditeurs

15, boulevard Montmartre et faubourg Montmartre, 13

NOUVEAUTÉS

ROMANS ET OUVRAGES DIVERS

en format grand in-18 jésus

Élie Berthet. —	La Peine de Mort. 1 vol.	3 50
—	Drames de Cayenne. 1 vol.	3 50
—	Bon vieux Temps. 1 vol.	3 50
—	Démon de la Chasse. 1 vol.	3 50
Em. Gonzalès. —	La Fiancée de la Mer. 1 vol.	3 50
Bonnemère. —	Louis Hubert. 1 vol.	3 »
—	Curé vendéen. 1 vol.	3 »
—	Les Déclassées. 1 vol.	3 »
—	Roman de l'Avenir. 1 vol.	3 50
—	La Vendée en 1793. 1 vol.	3 50
Deulin. —	Contes d'un Buveur de bière. 1 vol.	3 50
Audiganne. —	Économie de la Paix. 1 vol.	3 50
Parodi. —	Le Dernier des Papes. 1 vol.	3 50
M. d'Héricourt. —	La Femme affranchie. 2 vol.	7 »
Pontécoulant. —	Les Phénomènes de la Musique. 1 v.	2 »
Poulin. —	Religion et Socialisme. 1 vol.	3 50
Proth. —	Au pays de l'Astrée. 1 vol.	3 50
Auerbach. —	Au Village et à la Cour. 2 vol.	7
Garcin. —	Léonie. 1 vol.	3 »
—	Charlotte. 1 vol.	3 50
Aurélien Scholl. —	Nouveaux Mystères de Paris. 3 v.	10 50
Paul Saunière. —	Le roi Misère. 1 vol.	3 50
Mˡˡᵉ Royer. —	Jumeaux d'Hellas. 2 vol.	8 «

Vir Liber. — Les Vices à la Mode. 1 vol.	3	»
Champfleury. — Belle Paule. 1 vol.	3	50
Ch. Barbara. — Mademoiselle de Sainte-Luce. 1 vol.	3	50
— Anne-Marie. 1 vol.	3	50
De Goncourt. — Charles Demailly. 1 vol.	3	50
— Manette Salomon. 2 vol.	7	»
Yveling Rambaud. — Crimes impunis. 1 vol.	3	50
Prince de Ligne. — OEuvres et Mémoires. 5 vol.	17	50
De Vars. — Mémoires d'une Institutrice. 1 vol.	3	50
Waldteufel. — La Fin d'une Courtisane. 1 vol.	3	»
Émile Zola. — La Confession de Claude. 1 vol.	3	50
Vincent. — Enclume et Marteau. 1 vol.	3	50
Sand. — Le Coq aux Cheveux d'or. 1 vol.	3	50
Lapointe. — Les Parisiennes. 1 vol.	3	50
Assollant. — Confession de l'abbé Passereau. 1 vol.	3	50
Mallefille. — Confession du Gaucho. 1 vol.	3	50
Paul Perret. — Mlle de Saint-Ay (Aventures de). 1 v.	3	50
Hédouin. — Goëthe et sa vie. 1 vol.	3	50
Duvergier de Hauranne. — Huit mois en Amérique. 2 v.	8	»
Juste. — Marie de Hongrie. 1 vol.	3	50
— Congrès national. 2 vol.	7	»
Alexis Bouvier. — Les Pauvres de Paris. 1 vol.	3	»
G. Mancel. — Les Paysans de Paris. 1 vol.	3	»
Me Quinet. — Mémoires d'Exil. 1 vol.	3	50
***. — Lettres de Caterinette. 1 vol.	3	50
Marancourt. — Les Français à Rome. 1 vol.	3	50
Lassalle. — Dictionnaire de la Musique appliqué à l'Amour. 1 vol.	3	50
O. Justice. — Étrennes de Louise. 1 vol.	3	50
— Ame et Nature. 1 vol.	2	»
Bix. — Qu'en pensez-vous ? 1 vol.	3	50
Modelon. — Sur le Chemin de la Fortune. 1 vol.	3	»
Fiches. — Les Aristocrates. 1 vol.	3	50
Ausonio Franchi. — Le Rationalisme. 1 vol.	3	50
Jules Richard. — Le Péché de vieillesse. 1 vol.	3	50
— La Galère conjugale. 1 vol.	3	50
Stap. — Études critiques sur le Christianisme. 1 vol.	3	50
Émile Ollivier. — Le 19 Janvier. 1 vol.	3	50
Jules Simon. — La Peine de Mort. 1 vol.	1	»
Ludvigh. — La Hongrie politique et religieuse. 1 vol.	3	50
Albrespy. — Influence des Beaux-Arts. 1 vol.	3	50
Le Faure. — Le Socialisme et la Révolution française. 1 v.	3	50

De Séménow. — Les Mauvais Maris. 1 vol.	3	50
— Une Femme du monde. 1 vol.	3	50
— La Confession d'un Poëte. 1 vol.	3	50
Colins. — Économie politique. 3 vol.	10	50
***. — Dialogues extravagants. 1 vol.	3	50
De Bussy. — Indiscrétions d'un Touriste. 1 vol.	3	50
Baillet. — Force des États. 1 vol.	3	50
Dubosch. — Chine contemporaine. 2 vol.	7	»
Froebel. — A travers l'Amérique. 3 vol.	10	50
Trollope. — Petite Maison d'Allington. 2 vol.	7	»
Duprat. — Les Encyclopédistes. 1 vol.	2	»
Saint-Alespol. — Vingt et un mois de vie monastique. 1 v.	2	50
Larroque. — Examen critique. 2 vol.	7	»
— Rénovation religieuse. 1 vol.	3	50
— La Guerre. 1 vol.	3	50
— L'Esclavage. 1 vol.	3	»
Bianchi Giovini. — Fra Paolo Sarpi. 2 vol.	7	»
Xavier Eyma. — Récits et Légendes du Nouveau Monde. 2 vol.	7	»
Pessard. — Année parlementaire. 1 vol.	3	50
Clerc Villemagne. — La Voix du Sang. 1 vol.	3	»
J. Levallois. — L'Année d'un Ermite. 1 vol.	3	50
Cheri-Marian. — Les Va-nu-Pieds. 1 vol.	3	»
Jules Labbé. — La Conscience. 1 vol.	3	50
Poulenc. — Rimes de Pétrarque. 4 vol.	14	»
Seingerleit. — Banques populaires. 1 vol.	3	50
Martine. — Législation anglaise. 1 vol.	3	50
Gérard. — Zootechnie. 1 vol.	3	»
Wilkie Collins. — Armadale. 2 vol.	7	»
Sala. — Dame du Premier. 2 vol.	7	»
Melville. — L'Interprète. 2 vol.	7	»
Kingsley. — Alton Locke. 2 vol.	7	»
Cadol. — Contes gais. 1 vol.	3	50
Zola. — Contes à Ninon. 1 vol.	3	50
Lever. — O'Donoghue. 2 vol.	7	»
Pessard. — Les Gendarmes. 1 vol.	3	50
— Yo, ou les Principes de 1789. 1 vol.	3	50
Alarcon. — Finale de Norma. 1 vol.	3	50
Ruelle Pomponne. — Épopée au Brésil. 1 vol.	3	50
Marco Antonio. — Vingt-ans d'Exil. 1 vol.	3	50
Arrivabene. — Mes Mémoires ou Souvenirs. 1 vol.	3	50
Alexandre Dumas. — Crimes célèbres. 4 vol.	8	»

Eugène Sue. — Mystères de Paris (illustrés). 4 vol.	12 »
— OEuvres anciennes. 39 vol. à	1 »
— OEuvres posthumes. 5 vol. à	2 »
Desbarolles. — Caractère allemand. 1 vol.	3 50
Biagio Miraglia. — Cinq Nouvelles calabraises. 1 vol.	3 50
Behrend. — La Quarantaine. 1 vol.	3 50
Blum. — Entre Bicêtre et Charenton. 1 vol.	3 50
Castelnau. — Zanzara, ou la Renaissance. 2 vol.	7 »
Comtesse de Juillan. — Trois Amours. 1 vol.	2 »
Saint-Lanne. — Théorie de l'Amour artificiel. 1 vol.	3 50
Bora d'Istria. — Les Femmes par une Femme. 2 vol.	7 »
Kellerman. — L'Amnistie, ou le duc d'Albe. 2 vol.	6 »
Longfellow. — Hyperion et Kavanagh. 2 vol.	6 »
Rambaud. — L'Age de Bronze. 1 vol.	3 50
Reade. — Fatal Argent. 2 vol.	7 »
Gonzalès. — Dame de Nuit. 2 vol.	7 »
Victor Hugo. — Les Misérables. 10 vol.	35 »
Victor Hugo raconté par un Témoin de sa vie. 2 vol.	7 »
Ch. Sauvestre. — Mes Lundis. 1 vol.	3 50
Castagnary. — Libres propos. 1 vol.	3 50
Alfred Assollant. — Un Quaker à Paris. 1 vol.	3 50
— Cadet Borniche. 1 vol.	3 50
— Vérité ! Vérité ! 1 vol.	3 50
Jules Erckman. — Le Père la Vendée. 1 vol.	3 50
— Le Barbier sans Pareil. 1 vol.	3 50
Claude. — Roman de l'Amour. 1 vol.	3 50
Jollet. — L'Envers d'une Campagne. 1 vol.	3 50
— Médecin des Dames. 1 vol.	3 50
— Huit Jours en Danemarck. 1 vol.	3 50
— Les Romans microscopiques. 1 vol.	3 50
— Reine de Petite Ville. 1 vol.	3 50
— Pseudonymes du Jour. 1 vol.	3 »
— Les Athéniennes. 1 vol.	2 »
— Roman de deux Jeunes mariés. 1 vol.	3 50
— La Frontière. — L'Occupation. 1 vol.	3 »
Em. Leclercq. — Histoire de deux Armurières. 1 vol.	3 50
— Gabrielle Hauzy. 1 vol.	3 50
— Les Petits-Fils de Don Quichotte. 1 v.	3 50
— Histoire intime d'un homme. 1 vol.	3 50
Montagne. — Manteau d'Arlequin. 1 vol.	3 50
Sugier. — L'Enfant de la Cabane. 1 vol.	3 50
Claretie. — Libre parole. 1 vol.	3 50

Daudet. — La Succession Chavanet. 2 vol.	7	»
— Les Douze Danseuses du Château de la Mole. 1 vol.	3	50
Richer. — Lettres d'un Libre penseur. 1 vol.	3	50
L'abbé ***. — Le Maudit. 3 vol.	10	50
— La Religieuse. 2 vol.	7	»
— Le Jésuite. 2 vol.	7	»
— Le Moine. 2 vol.	7	»
— Les Mystiques. 1 vol.	3	50
— Le Curé de Campagne. 2 vol.	7	»
Ch. Gouraud. — Les Destinées. 1 vol.	3	50
Gregory Jeanne. — Aventures de Léonie Goupil. 1 v.	3	50
Daniel. — Confidences d'une Sage-Femme. 1 vol.	3	50
Gilles. — La Nouvelle Jeanne. 1 vol.	3	50
Audeval. — Tueur de Femmes. 1 vol.	3	»
— Livre des Épouses. 1 vol.	3	»
Houssaye. — Roman de la Duchesse. 1 vol.	3	50
Rambaud. — Martin à la Recherche de la Vie. 1 vol.	3	50
Favier. — Le Clou d'or. 1 vol.	3	»
Dolfus. — Mardoche. 1 vol.	3	50
— L'Esprit français et l'Esprit allemand. 1 v.	3	50
Raoul Lafagette. — Chants d'un Montagnard. 1 vol.	3	50
Lazare. — La Légende des Rues. 2 vol.	7	»
Durier. — Miss Molly. 1 vol.	3	50
Derisoud. — Petits Crimes. 1 vol.	3	»
Doucet. — Le Diocèse de Chamboran. 1 vol.	3	50
Laroudé. — Mlle d'Espalbère. 1 vol.	3	50
Dubourg-Neuville. — Les Dieux du Jour. 1 vol.	3	50
Vernier. — Aline. 1 vol	3	50
Claretie. — Les Derniers Montagnards. 1 vol.	3	50
Grandet. — Yolande. 1 vol.	3	50
Dazur. — Le Régiment fantastique. 1 vol.	3	50
Jonchère. — Clovis Bourbon. 1 vol.	3	50
De Kératry. — La Contre-Guérilla au Mexique. 1 vol.	3	50
Parseval-Dechêne. — Atalante. 1 vol.	3	»
Murger. — Roman du Capucin. 1 vol.	3	»
Lemercier de Neuville. — Paris-Pantin. Les Pupazzi. 1 vol.	3	50
J. Gaillard. — Mémoires de Maximilien. 2 vol.	7	»
Moreau. — L'Évangile et la Démocratie. 1 vol.	3	50
Robidou. — République de Platon. 1 vol.	3	50
Mme Ratazzi. — Mariages de la Créole. 2 vol.	7	»

Picart. — L'Homme violet. 1 vol.	3	»
Poupin. — La Dot de Madame. 1 vol.	3	50
Prat. — La Destinée de l'Homme. 1 vol.	3	50
Rabou. — L'Allée des Veuves. 1 vol.	3	50
Ponson du Terrail. — Diane de Lancy. 1 vol. . . .	3	»
— Dame au Collier rouge. 1 vol.	3	»
— Femme immortelle. 2 vol.	6	»
— Bohémienne du Grand-Monde. 3 vol.	9	»
— Page Fleur-de-Mai. 1 vol. . .	3	»
Émile Zola. — Thérèse Raquin. 1 vol.	3	50
— Madeleine Ferat. 1 vol.	3	50
Ranc. — Roman d'une Conspiration. 1 vol.	3	50
Robert Halt. — Mme Frainex. 1 vol.	3	50
— Cure du Docteur Pontalais. 1 vol. .	3	50
Victor Hugo. — Travailleurs de la Mer. 2 vol. . . .	7	»
— William Shakspeare. 1 vol.	3	50
— Chansons des Rues. 1 vol.	3	50
Gagneur. — Forçats du Mariage. 1 vol.	3	50
Michelet. — La Montagne. 1 vol.	3	50
— La Sorcière. 1 vol.	3	50
— Nos Fils. 1 vol.	3	50
— Bible de l'Humanité. 1 vol.	3	50
Louis Ulbach. — M. et Mme Fernel. 1 vol.	3	50
— Le Mari d'Antoinette. 1 vol. . . .	3	50
— Le Parrain de Cendrillon. 1 vol. . .	3	50
— La Cocarde blanche. 1 vol.	3	50
— Le Jardin du Chanoine. 1 vol. . . .	3	50
— Les Parents coupables. 1 vol. . . .	3	50
— Les Causeries du Dimanche. 1 vol.	3	50
— Lettres de Ferragus. 1 vol.	3	50
— Écrivains et Hommes de lettres. 1 v.	3	50
— Françoise. 1 vol.	3	50
— Pauline Foucault. 1 vol.	3	50
— Mémoires d'un Inconnu. 1 vol. . .	3	50
— Suzanne Duchemin. 1 vol.	3	50
— L'Homme aux Cinq louis d'or. 1 vol.	3	50
— Histoire d'une Mère. 1 vol.	3	50
— Les Roués sans le savoir. 1 vol. . .	3	50
— Le Prince Bonifaccio. 1 vol. . . .	3	50
— Voyage autour de mon Clocher. 1 v.	3	50
— Louise Tardy. 1 vol.	3	50

André Léo. — Le Divorce. 1 vol.	3 50
— Aline Ali. 1 vol.	3 50
Alfred Assolant. — La Confession de l'abbé Passe- reau. 1 vol.	3 50
Émile Zola. — La Famille des Rougon-Macquart. 1 v.	3 50
Tony Révillon. — Le Faubourg Saint-Antoine. 1 vol.	3 »
Timothée Trimm. — Les Mille et une nuits de Paris. 1 v.	3 50
Casimir Bouis. — Calottes et Soutanes. 1 vol. . . .	3 50
A. de Bougy. — Les Bourla-Papei (Brûleurs de pa- piers). 1 vol.	3 50
G. de Chandonneux. — Remèdes contre l'amour. 1 v. —	3 50
De Boisville. — Mélanges. 1 vol	3 50
G. Blanc. — Soldats et Colons. 1 vol.	3 50
Eug. Carlos. — Les Parfums de la vie. 1 vol.	3 50
De Corval. — Contes en vers. 1 vol.	3 50
Richebourg. — Les Francs-Tireurs de Paris. 1 vol. .	3 50
Ch. Habeneck. — Tudor, Frissemuche et Patata. 1 v.	3 »
Elie Sorin. — Les Martyrs du Siége de Paris. 1 vol.	3 »
Ch. Deulin. — Chardonnette. 1 vol.	3 50
Mme Gagneur. — La Croisade noire. 1 vol.	3 50
— Le Calvaire des femmes. 2 vol. . .	7 »
— Un Drame électoral. 1 vol.	3 »
Duranty. — Les Combats de Françoise d'Hérilieu. 1 v.	3 50

Volumes grand in-18 illustrés d'eaux fortes et de gravures sur bois

5 FRANCS

Podestat. — La Comédie au Boudoir. 1 vol.	5 »
Mancel. — La Vie à Grandes Guides. 1 vol.	5 »
Yriarte. — Portraits parisiens. 1 vol.	5 »
Navarro de Miraglia. — Grandes et Petites dames. 1 v.	5 »
Ther. — Les Confidences d'une jeune femme. 1 vol. .	5 »
Siebecker. — Les Mœurs du jour. 1 vol.	5 »
Chavette. — Les Petites comédies du vice. 1 vol. . .	5 »
Mustapha. — Autour de ma tente. 1 vol.	5 »
Diguet. — Les Jolies femmes de Paris. 1 vol.	5 »
— Les Amours parisiens. 1 vol.	5 »

Romans en format in-8

Petrucelli della Gattina. — Mémoires de Judas..	6	»
Mathurin. — Melmoth ou l'Homme errant. 1 vol...	5	»
L'abbé***. — Le Maudit. 3 vol.	15	»
— La Religieuse. 2 vol.	10	»
— Le Jésuite. 2 vol.	10	»
— Le Moine. 1 vol.	5	»
— Le Curé de campagne. 2 vol.	10	»
— Le Confesseur. 2 vol.	10	»
— Les Mystiques. 1 vol.	5	»
— Les Odeurs ultramontaines. 1 vol. . . .	5	»
Victor Hugo. — L'Homme qui rit. 4 vol.	30	»
— Les Misérables. 10 vol.	60	»
— Les Travailleurs de la mer. 3 vol. . .	18	»
— Les Chansons des rues et des bois. 1 v.	7	50
— William Shakespeare. 1 vol. . . .	7	50
— Paris. 1 vol.	2	»
Victor Hugo raconté par un témoin de sa vie. 2 vol. . . .	15	»
Champfleury. — La Belle Paule. 1 vol.	5	»
Louis Ulbach. — Le Jardin du chanoine. 1 vol. . . .	5	»
De Goncourt. — Idées et sensations. 1 vol.	5	»
André Léo. — Le Divorce. 1 vol.	5	»
Dufer. — Voyage du cœur au cerveau. 1 vol.	5	»
Marc de Montifaud. — Marie Magdeleine ou les Courtisanes de l'antiquité. 1 vol.	5	»
Dr Véron. — Nouveaux mémoires d'un bourgeois de Paris. 1 vol.	6	»
Mary. — Amour et Devoir. 1 vol.	5	»
Martel. — Amour et Controverse. 1 vol. . ·	5	»
Eugène Sue. — Les Mystères du peuple. 12 vol. . . .	60	»

Paris. — Imp. Émile Voitelain et Cⁱᵉ, 61, rue J.-J.-Rousseau.

www.ingramcontent.com/pod-product-compliance
Lightning Source LLC
Chambersburg PA
CBHW050635170426
43200CB00008B/1033